上級国民／下級国民

橘 玲
Tachibana Akira

小学館新書

まえがき

2019年4月、東京・池袋の横断歩道で87歳の男性が運転する車が暴走、31歳の母親と3歳の娘がはねられて死亡しました。この事件をめぐってネットに飛び交ったのが「上級国民／下級国民」という奇妙な言葉です。

事故を起こしたのは元高級官僚で、退官後も業界団体会長や大手機械メーカーの取締役などを歴任し、2015年には瑞宝重光章を叙勲していました。たまたまその2日後に神戸市営バスにはねられて2人が死亡する事故が起き、運転手が現行犯逮捕されたことから、「池袋の事故を起こした男性が逮捕されないのも、マスコミが〝さん〟づけで報道しているのも「上級国民」だからにちがいない」「神戸のバス運転手が逮捕されたのは「下級国民」だからだ」との憶測が急速に広まったのです。

すでに報じられているように、男性が逮捕されなかったのは高齢のうえに事故で骨折して入院していたからで、メディアが〝さん〟づけにしたのは〝容疑者〟の表記が逮捕や指名手配された場合にしか使えないためですが、こうした「理屈」はまったく聞き入れられませんでした。

２０１９年5月には川崎市で51歳の無職の男が登校途中の小学生を襲う事件が起き、その4日後に元農水事務次官の父親が自宅で44歳の長男を刺殺しました。長男はふだんから両親に暴力をふるっており、事件当日は自宅に隣接する区立小学校の運動会の音に腹を立てて「ぶっ殺すぞ」などといったことから、「怒りの矛先が子どもに向いてはいけない」と殺害を決行したと父親は供述しています。

この事件を受けて、こんどはネットに困惑が広がりました。彼らの世界観では、官僚の頂点である事務次官にまでなった父親は「上級国民」で、自宅にひきこもる無職の長男は「下級国民」だからです。

「上級国民」という表現は、２０１５年に起きた東京オリンピックエンブレム騒動に端を発しているとされます。

このときは著名なグラフィックデザイナーの作品が海外の劇場のロゴに酷似しているとの指摘が出て、その後、過去の作品にも盗用疑惑が噴出し大きな社会問題になりました。

その際、日本のグラフィックデザイン界の大御所で、問題のエンブレムを選出した審査委員長が、「専門家のあいだではじゅうぶんわかり合えるんだけれども、一般国民にはわかりにくい、残念ながらわかりにくいですね」などと発言したと伝えられました。

これが「素人は専門家に口答えするな」という「上から目線」として批判され、「一般国民」に対して「上級国民」という表現が急速に広まったとされます（「ニコニコ大百科」「上級国民」の項より）。

このように当初は「専門家／非専門家」を表わすネットスラングだったものがいつの間にか拡張され、池袋の事故をきっかけに、「日本社会は上級国民によって支配されている」「自分たち下級国民は一方的に搾取されている」との怨嗟《えんさ》（ルサンチマン）の声が爆発したのです。

コラムニストのオバタカズユキさんは、令和改元にともなう10連休に対して、ツイッター上に次のような発言があふれたことを報告しています（「「上級国民」というネットスラングの大拡散が示す日本人の心中」NEWSポストセブン）。

〈(羽田空港行きの)モノレールが連休を旅行で過ごす上級国民様で満たされておる〉

〈10連休を取れるのは全体の3割。そんな能天気に生きて居られるのは、上級国民だけってか〉

〈10連休なんて上級国民様の催しでしかないのです、下級国民は労働奉仕なのです(震え)〉

〈給料総額15万、週6日働いて稼働日数月25日。盆正月関係なし。ほとんど奴隷と同じです。きっと公務員や、NHKに勤めてる上級国民の皆さんには理解できないんだろうな〉

〈次、生まれ変わるなら人間じゃなくて蟬が良いな上級国民に×されずに済むし〉


ここでオバタさんが指摘するのは、「上級国民」は「エリート」や「セレブ」「上層(上流)階級」とはニュアンスが異なるということです。

現代社会では、「エリート」や「セレブ」は「努力して実現する目標」です。「上層階級(アッパークラス)/下層階級(アンダークラス)」は貴族と平民のような前近代の身分制を表わしていましたが、その後、階級（クラス）とは移動できる（下流から「なり上がる」）ものへと変わりました。それに対して「上級国民／下級国民」は、個人の努力がなんの役にも立たない冷酷な自然法則のようなものとしてとらえられているというのです。

いったん「下級国民」に落ちてしまえば、「下級国民」として老い、死んでいくしかない。幸福な人生を手に入れられるのは「上級国民」だけだ——。

これが、現代日本社会を生きる多くのひとたちの本音だというのです。

本書のPART1では、バブル崩壊後の平成の労働市場がどのように「下級国民」を生み出したのかを説明します。「雇用破壊」で日本じゅうが大騒ぎしていた1990年代後半から2000年代前半にかけて、「正社員の雇用は全体としては守られた」など、あまり知られていない事実（ファクト）をデータをもとに紹介していきます。そこから、令和の日本がどのような社会になるのかも見えてくるはずです。

PART2では、「上級国民／下級国民」が「モテ／非モテ」につながることを論じます。「モテ／非モテ」はやはりネット上で広く流通するスラングで、現代日本の若い男性は「モテ（リア充）」と「非モテ（リア終）」に分断されているのだといいます。なぜここで性愛（モテ）が出てくるかというと、ゆたかな社会における幸福とは、究極的には、愛情空間が満たされることだからです。「上級国民」とは「モテる（持てる）者」であり、「下級国民」は「モテない（持たざる）者」なのです。

PART3では、日本だけでなく（先進国を中心に）世界じゅうで「上級国民／下級国民」の分断が進んでいる背景を考えます。アメリカのトランプ大統領選出、イギリスのブレグジット（EU離脱）、フランスの黄色ベスト（ジレジョーヌ）デモなど、欧米社会を揺るがす出来事はどれも「下級国民」による「上級国民」への抗議行動です。「白人」や「男」はこれまで社会の主流（マジョリティ）と見なされていましたが、その中核に深い亀裂が生じたことで社会は大きく動揺しています。

なぜ世界じゅうで同じ現象が起きているかというと、私たちが「知識社会化・リベラル化・グローバル化」という巨大な潮流のなかにいるからです。その結果、世界が総体としては̀ゆ̀たかになり、ひとびとが全体としては̀幸福になるのとひきかえに、先進国のマジョリティが「上級国民／下級国民」へと分断されていきます。

これは産業革命（知識革命）によって成立した「近代」が完成へと向かう〝進化〟の不可逆的な過程なので、「立憲主義」を踏みにじる政権を罵倒《ばとう》したり、「グローバリズムの陰謀」を唱えて貿易戦争を引き起こしたり、中央銀行がお金を刷りまくったりしても「格差拡大」を止めることはできないでしょう。

だとしたら、どこにも希望はないのでしょうか。

そんなことはありません。社会的に解決できない問題も、個人的に解決することは可能です。

私たちがどのような社会に生きており、そこでなにが起きていて、これからどのような世界がやってくるのかを（かなりの精度で）予測できれば、自分と家族が生き延び、幸福な人生を手に入れるのにきっと大きな助けになるでしょう。

目次

「人口爆発」と「ゆたかさの爆発」／私の人生は私が自由に選択する／ヨーロッパにおけるイスラーム問題の本質／リベラルな社会の能力主義／リベラルの理想は究極の自己責任／「政治的に正しい態度（PC）」が必要な理由／「リスク」を自分で引き受ける／自己分析と自己コントロール／ポイ捨てされる人間

6 「リバタニア」と「ドメスティックス」……174

知識社会化・リベラル化・グローバル化／ヒッピーカルチャーの勝利／「絶望死」する白人たち／「とてつもないこと」が起きる世界／「中流崩壊」を予言した経済学者／クリエイティブクラスの台頭／勝利と同時に敗北／「新上流階級」が集まる都市／「新下流階級」がふきだまる町／先進国では同じことが起きている／アメリカ社会の分裂／「黒人保守派」とは何者か？／裕福なサイバーリバタリアン／ヤンキーとエリート／「ヤフコメ民」はなにに怒っているのか？／エニウェア族とサムウェア族／リバタニアとドメスティックス

PART 1

「下級国民」の誕生

1

平成で起きたこと

平成の30年間をひと言でまとめるなら、「日本がどんどん貧乏くさくなった」です。国民のゆたかさの指標としては一人当たり名目GDP（国内総生産）を使うのが一般的です。図表1は平成元（1989）年から平成30（2018）年までの日本人のゆたかさの世界のなかでの順位を示しています。

バブル経済の余勢をかって1990年代の日本はベスト5の常連で、2000年にはルクセンブルクに次いで世界2位になったものの、そこからつるべ落としのように順位を下

図表1 一人当たり名目GDPの日本の順位（1989~2018年）

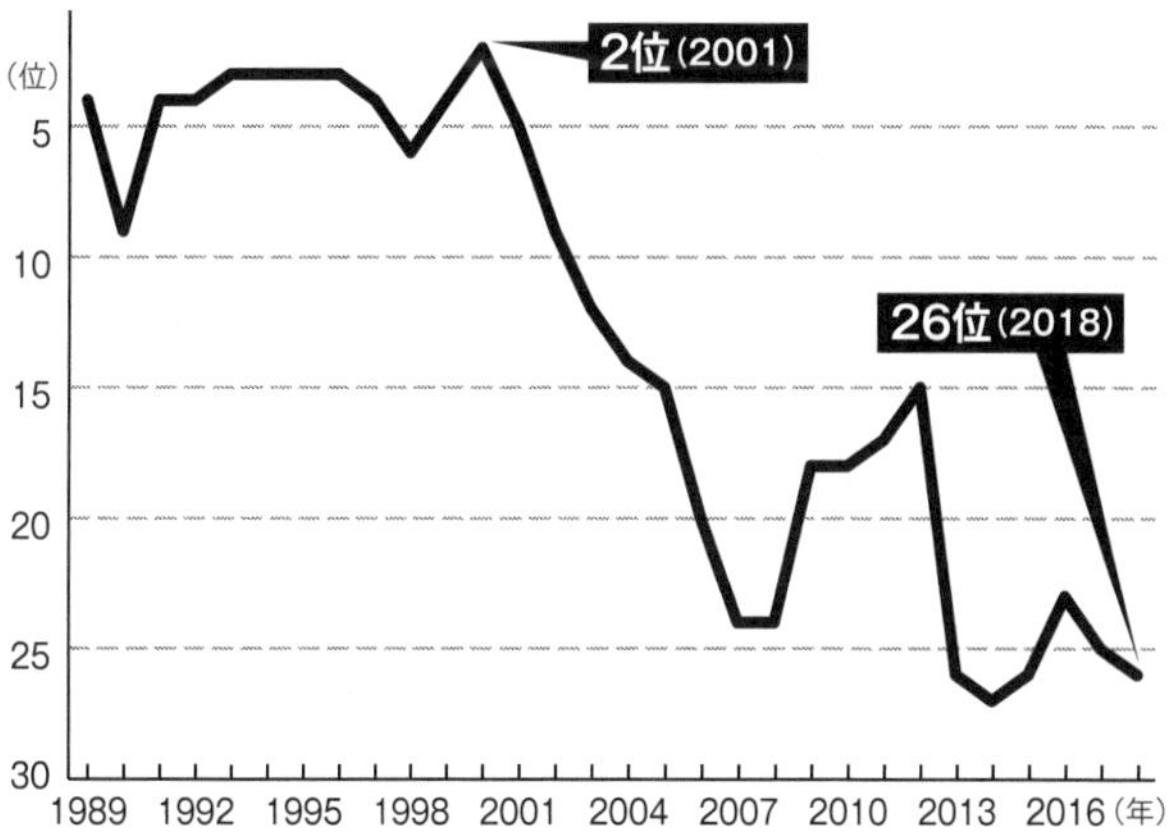

げていく様子がはっきりとわかります。

この指標は「名目GDP」を基準にしているので、円高なら順位は上がるはずです。1995年に1ドル＝79円75銭をつけ「超円高」と騒がれた頃は、たしかに日本は「世界でもっともゆたかな国」のひとつでしたが、2011年10月にそれを上回る1ドル＝75円32銭の戦後最高値を更新しても順位はたいして上がらず、その後はアベノミクスの金融緩和政策による円安誘導で10位台から一気に26位まで急落しています。円高でも円安でも日本人が貧しくなっていることに事態の深刻さが表われています。

その結果、2018年の日本の一人当たり

GDPは世界26位で、アジアでもマカオ（3位）、シンガポール（8位）、香港（17位）に大きく水をあけられ、いまや韓国（31位）にも追い越されそうです。主要7カ国では首位から6位に転落し、かつては世界の15％を占めていたGDPも30年間で6％に縮小しました。

日本経済が低迷をつづけた30年のあいだに、グローバル化の恩恵を受けて、中国・インドを筆頭に新興国が国民のゆたかさを大きく伸ばしました。訪日観光客が増えて喜んでいますが、これはアジアの庶民にとって日本が「安く手軽に旅行できる国」になったからです。

すべての日本人が、まずはこの「不愉快な事実（ファクト）」を直視すべきです。

日本のサラリーマンは世界でいちばん会社を憎んでいる

「エンゲージメント」は、会社への関与の度合いや仕事との感情的なつながりを評価する基準です。エンゲージメントの強い社員は仕事に対してポジティブで会社に忠誠心を持っており、エンゲージメントが低いと仕事にネガティブで会社を憎んでいます。当然、社員

・3ヶ月レポート
・宇島先生へメール.

仕事内容に不満.

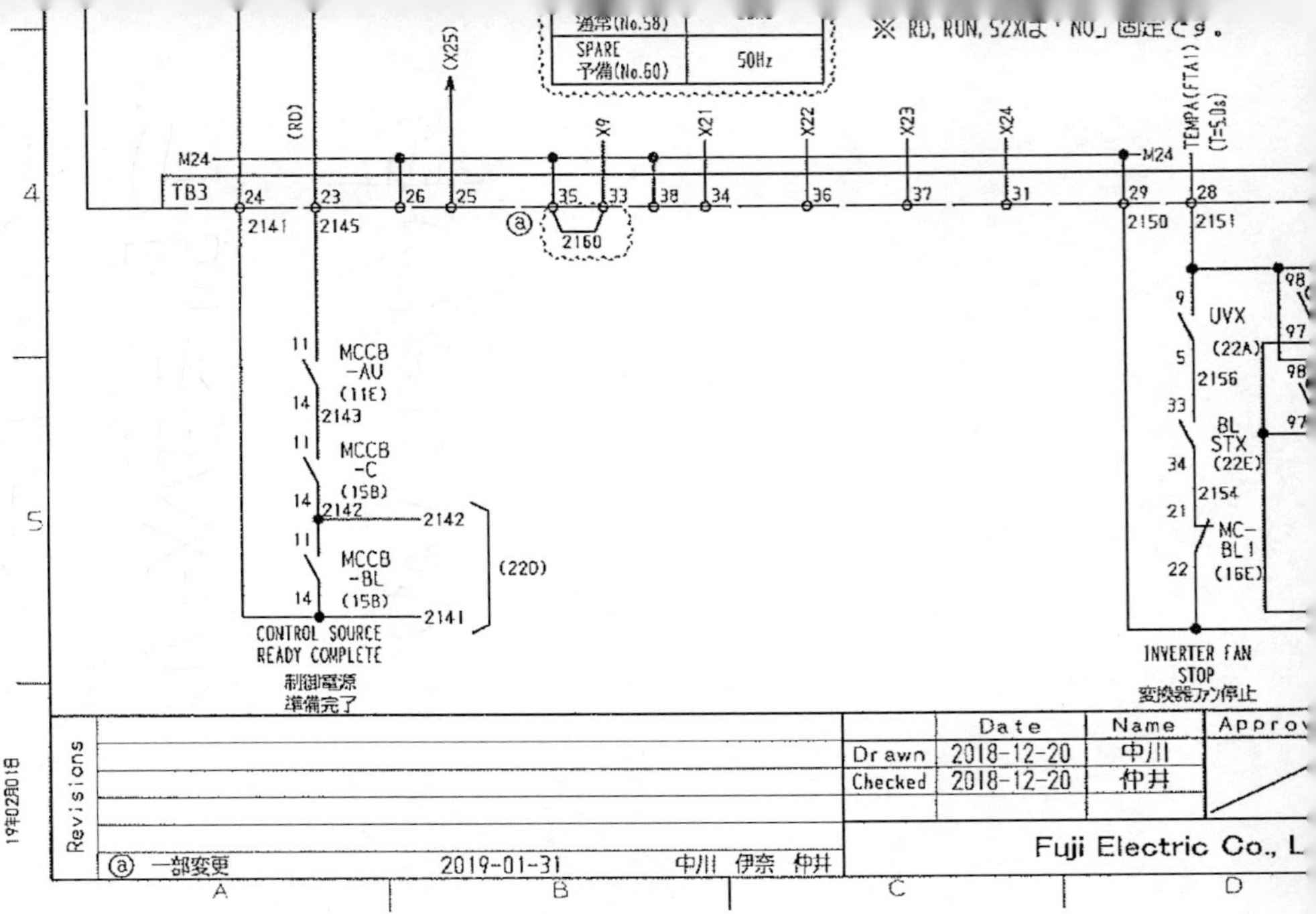

18年12月19日
19年02月01日

のエンゲージメントが高い会社ほど生産性は高くなります。

近年になってエンゲージメントの重要性が認識されるようになって、コンサルタント会社を中心にさまざまな機関による国際比較が公表されています。日本経済の「不都合な真実」は、ほぼすべての調査において、日本の労働者（サラリーマン）のエンゲージメントが極端に低いことです。——世界22カ国のエンゲージメントレベルを評価した調査では、トップはインドの評価点25％で、メキシコが2位で評価点19％、アメリカは中間で評価点1％、日本は最下位で評価点はマイナス23％でした。

一人当たりの平均年間総実労働時間を見ると、1980年代の日本は2000時間を超えて先進諸国で圧倒的に長かったのですが、2015年には1719時間まで減少しました（アメリカは1790時間で日本と逆転しています）。それにもかかわらず、15～64歳の男性にかぎれば日本のサラリーマンはあいかわらず世界でもっとも長時間労働をしています。なぜこんなことになるかというと、短時間労働の非正規雇用が増える一方で、そのしわ寄せが正社員の長時間労働とサービス残業につながっているからです。

日本経済のもうひとつの「不都合な真実」は、労働生産性がアメリカの3分の2しかないことです。日本の労働者が生み出す一人当たりの利益（付加価値）は8万4027ドル（約879万円）で、アメリカの労働者（12万7075ドル）の66％しかなく、OECD（経済開発協力機構）加盟国36カ国中21位、主要先進7カ国ではデータが取得可能な1970年以降、最下位がつづいています（2017年）。

生産性と賃金のあいだには、頑健かつ強い正の相関関係があります。生産性の高い国ほど国民の平均賃金が高いし、生産性の高い企業に勤める従業員ほど賃金が高くなります。逆にいえば、日本がどんどん貧乏くさくなった理由は、「他国に比べて生産性が低いから」で説明できてしまうのです。

PIAAC（ピアック）は16～65歳の成人を対象として、仕事に必要な「読解力」「数的思考力」「ITを活用した問題解決能力（ITスキル）」を測定する国際調査です。OECD加盟の先進国を中心に24カ国・地域の約15万7000人を対象に実施され、日本では「国際成人力調査」として2013年にその概要がまとめられました。

その結果を見ると日本人はほぼすべての分野で1位で、海外の労働者に比べて能力が劣っているわけではなさそうです。それにもかかわらず生産性がきわめて低いとすれば、それは日本人の働き方、あるいは日本の社会の仕組みそのものが間違っていると考えるほかありません。

ここまで述べたことをまとめると、**日本のサラリーマンは世界（主要先進国）でいちばん仕事が嫌いで会社を憎んでいるが、世界でいちばん長時間労働しており、それにもかかわらず世界でいちばん労働生産性が低い**ということになります。これがかつての経済大国・日本の「真の姿」です。

平成の30年間、この国では右（保守派）も左（リベラル）もほぼすべての知識人が「ネオリベ」や「グローバリズム」に呪詛《じゅそ》の言葉を投げつけ、年功序列・終身雇用の日本的雇用慣行こそが日本人を幸福にしてきたとして、「（正社員の）雇用破壊を許すな」と叫びつづけてきました。事実（ファクト）に照らせば、こうした主張はすべてデタラメです。日本的雇用＝日本の社会の仕組みこそが、日本人を不幸にした元凶だったのです。

正社員の割合は変わらなかった？

1980年代から2000年代にかけて、「バブル前夜」→「バブル期」→「バブル崩壊」と、日本の社会や経済に未曾有の大変化が起きました。ではこの時期に、労働市場でなにがあったのでしょうか。

一般には、バブル崩壊によって大企業はリストラに血眼《ちまなこ》になり、それに小泉政権のネオリベ的な改革が加わって、「雇用破壊」で正社員が減り非正規が急激に増えたとされています。

1995年に日経連（現・経団連）が公表した「新時代の「日本的経営」」では、今後の労働力を①長期蓄積能力活用型、②高度専門能力活用型、③雇用柔軟型の3つに分類し、雇用柔軟型については有期雇用のパートタイム労働者などを採用していくとしました。

この報告書はその後、グローバリズムの批判者たちによって〝悪魔化〟され、「雇用破壊」の元凶とされました。「グローバリスト」の資本家や経営者たちが、利益を確保するために労働者を使い捨てにし、正社員を非正規に置き換えていったというのです。

この批判に根拠はあるのか、労働経済学者・神林龍さんの『正規の世界・非正規の世界』（慶應義塾大学出版会）に依拠しながら通説を検証してみたいと思います。

図表2は、1982〜2007年の25年間の、18〜54歳の男女の「正社員」「非正規」

図表2 日本の労働市場の変化（18~54歳男女）

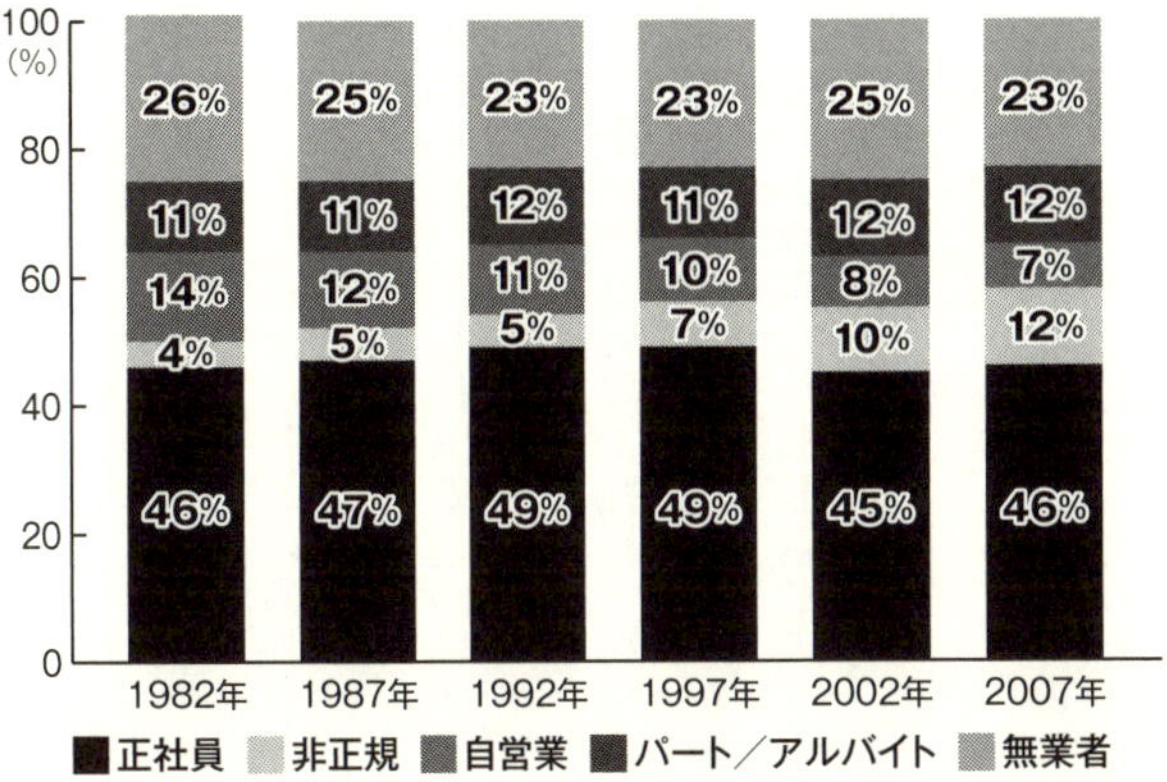

神林龍『正規の世界・非正規の世界』より

「自営業」「パート／アルバイト」「無業者」の比率をまとめたものです。昭和の終わりから平成にかけての、日本の労働市場全体の変化を示すものと考えていいでしょう（『正規の世界・非正規の世界』掲載の図を簡略化しました）。

　これを見てすぐにわかるのは、90年代末の金融危機などで日本経済が大打撃を受けたにもかかわらず、正社員の就労状況がきわめて安定していることです。

　1982年（バブル前夜）に46％だった正社員比率は、1992年（バブル期）に49％に増え、2007年（バブル崩壊）で46％に戻っています。バブル期から3ポイント減ってはいるものの、全体としてみれば、日本の労働市場における正社員の割合は四半世紀でほとんど変わっていません。

より詳細に見ていくと、この間、新卒入社から3年で大卒男性の3割が離職するようになりました。これはたしかに通説のとおりですが、それ以降さらに3割が離職するのに10年かかっています。「十年後残存率（10年後に社員が在職している割合）」は30代で7割から8割に達し、それ以降安定的に推移します。30代になると正社員はめったに辞めないのです。

就業者全体で見れば正社員の比率はほぼ一定に保たれていますが、それにもかかわらず、非正規の割合は1982年の4％から2007年の12％へと3倍に増えています。だとしたら、この25年間でなにが起きたのか。図を見ればわかるように、自営業者が減ったのです。

1982年に人口の14％だった自営業者は、2007年に7％と半分になっています。彼ら／彼女たちが非正規に流れたのだと考えれば、この間の変化は説明できます。

神林さんは「30年以上にわたって自営業が衰退の一途をたどっているのは先進国のなか

で日本以外に類例がない」と述べていますが、日本の自営業比率は1981年時点で27・5％と主要国のなかで突出していました。それが2015年には11・1％まで減り、ドイツの10・8％やオーストラリアの10・3％に比肩する水準になったのです。

ここから考えると、高度成長期の日本経済は「先進国」と扱われてきたものの、その実態は自営業比率の高い「中進国」のままだったようです。それが25年かけて「先進国」並みの水準に収斂《しゅうれん》したのだとすれば、この現象を説明できるでしょう。農業や飲食業、町工場など「自営」の仕事が次々と廃業し、ひとびとは正規・非正規の「会社員」になっていったのです。

それに加えて、少子化で人口が減少しているにもかかわらず、1982年から2007年のあいだで被用者（就労者）は3206万人から3535万人へと10％も増えています。新規参入者で労働市場全体のパイが大きくなったのなら、非正規が増えたぶんだけ正社員が減少する必要はありません。

通説とは異なって、**大手金融機関が次々と破綻し「リストラ」が流行語になった時期にも、日本企業の長期雇用慣行は温存された**のです。

女性の非正規が増えた理由

昭和から平成にかけての25年間で「全体としては正社員の雇用は守られた」としても、若年層では状況は異なるかもしれません。そこで次に、22〜29歳の女性の就労状況の変化を見てみましょう（図表3／変化がわかりやすいようにグラフの下30％未満の部分をカットしています）。

ここでまず目につくのは、非正規で働く若い女性の割合が1982年の5％から2007年の22％まで大幅に増えていることです。1997年のバブル崩壊以降の10年間でも、11％から22％へと2倍になっています。

それに対して正社員比率は、1992年（バブル期）の50％から2007年には43％まで7ポイント減っています。通説のように、正規が減って非正規が増えているようです。

これは間違いないのですが、よく見ると、若い女性の正社員比率は1982年に40％、1987年は44％で、2007年の43％はこれとほとんど変わりません。この四半世紀の20代女性の就業状況を概括するならば、「もともと低かった正社員比率がバブル景気でか

図表3 日本の労働市場の変化（22~29歳女性）

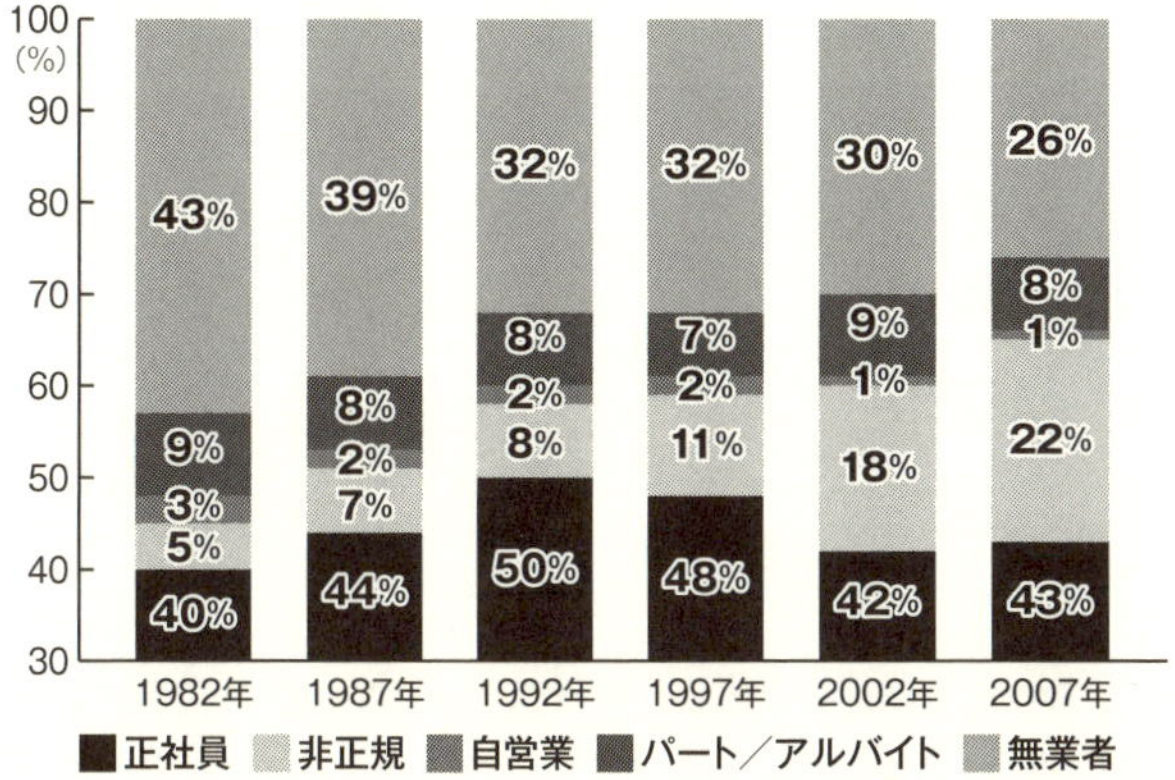

神林龍『正規の世界・非正規の世界』より

さ上げされ、バブル崩壊とともに元の水準に戻った」ということになります。

だとしたら、若い女性の非正規比率はなぜ爆発的に増えたのでしょうか。その理由も図を見れば明らかで、「無業者」が１９８２年の43％から２００７年の26％へと大幅に減ったのです。

労働市場に新たに参入した若い女性の「無業者」の多くは専業主婦でしょう。バブル崩壊による家計の逼迫《ひっぱく》や価値観の変化で彼女たちが働こうと思ったとき、日本企業は中途採用の正社員のハードルがきわめて高いため、非正規になるしかなかったのです。

「雇用破壊」はどこで起きたのか?

とはいえ、「雇用破壊によって正社員が減り非正規が増えた」という通説がすべて間違っているわけではありません。そこで次に、22~29歳男性の25年間の就労状況を見てみましょう(図表4)。

20代男性の正社員比率は1982年に75%で、高卒・大卒の4人に3人は正社員として採用されました。しかしその割合は1992年(バブル期)の77%から急激に下がり、2007年には62%になっています。若い男性では、明らかにバブル崩壊で正社員が減っています。

その代わり増えたのが非正規で、1992年までは4~5%だったのが、2007年には15%と3倍以上になっています。「正社員の雇用が破壊され、非正規に置き換えられた」という通説は、まさにこの世代(20代男性)に当てはまります(自営業もこの間9%から3%まで減っており、彼らは親の仕事を継ぐこともできませんでした)。

それと同時に目を引くのが、1992年に10%だった無業者の割合が2007年には16

図表4 日本の労働市場の変化（22~29歳男性）

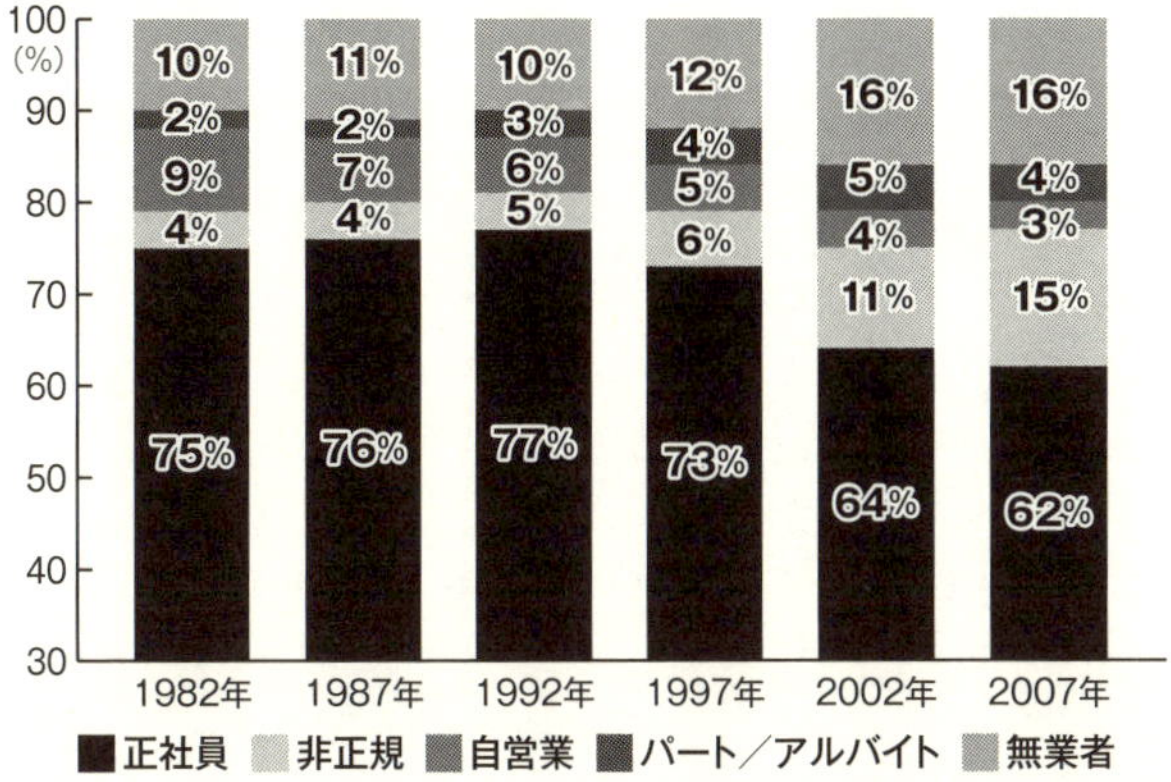

神林龍『正規の世界・非正規の世界』より

%まで増えていることです。ここには失業者（働く意思があり求職活動をしている者）も含まれますが、それ以外は「働く意思はあるが求職活動はしていない者」か「働く意思もない者」です。1993～2005年の「就職氷河期」に学校を卒業し非正規や無業者になった若者たちは「ロスジェネ（失われた世代）」と呼ばれています。

ここまでの話をまとめると、バブル前夜からバブル崩壊までの25年間で、通説とは異なって「全体としては」年功序列・終身雇用の日本型雇用慣行は温存され、若い女性ではたしかに非正規が大きく増えたものの、その多くは元専業主婦でした。その一方で、若い男性で急激な「雇用破壊」が起きたことは間違いありません。

だとしたら、結論はひとつしかありません。**平成の日本の労働市場では、若者（とりわけ男性）の雇用を破壊することで中高年（団塊の世代）の雇用が守られたのです。**

各戸訪問でひきこもりを調査した町

２０１９年３月29日、内閣府は「40～64歳のひきこもり状態のひとが全国に61・３万人いる」と発表しました。働いている者、身体的な病気がきっかけの者、専業主婦／主夫、家事手伝いを除き、「自室からほとんど出ない」から「趣味の用事のときだけ外出」まで幅はあるものの、６カ月以上家族以外とほとんど（あるいはまったく）コミュニケーションがないひとたちで、４人のうち３人が男性、ひきこもり状態になって７年以上が47％を占めるとされます。２０１５年度に実施した調査では15～39歳の「若年ひきこもり」は54・１万人と推計されましたから、中高年のひきこもりは若年層を上回ることになります。

ロスジェネ世代の多くがすでに40代に達していることを考えれば、この結果に驚きはありません。20代や30代で「無業」だった者にとって、40代になって働きはじめるのはきわめて困難でしょう。

ところで私は、ひきこもりの数はじつははるかに多いのではないかと考えています。それは、ひきこもりの人数を各戸訪問で調査した地方の町があるからです。

秋田県山本郡藤里町は人口3200人、65歳以上が43・6％と全国平均（27・7％）を大きく上回る「高齢化した地方」の典型です。そんな町で2010年2月、ひきこもりと長期不就労者の実態調査が行なわれました。この調査結果は、『ひきこもり　町おこしに発つ』（秋田魁新報社）としてまとめられています。

調査を行なったのは町の社会福祉協議会で、それまでは「福祉で町づくり」を掲げて介護予防・支援などの取り組みを行なってきました。ところがその過程で、老人ばかりだと思っていた町に若年層のひきこもりがかなりの数いることがわかり、とりあえずその人数を調べてみようということになったのです。

藤里町社協の調査の特徴は、ひきこもり状態か否かにかかわらず、「18歳以上55歳未満で、（学生や専業主婦などを除いて）定職をもたずに2年以上経過したひとすべて」を把握しようとしたことと、地域からの情報提供を受けてソーシャルワーカーが「あなたのお宅に、ひきこもっているお子さんがいらっしゃいますよね?」と一軒一軒確認したことです。

ひきこもりは100万人ではなく500万人?

一人暮らしの老女の家に音信不通だった息子が帰ってくる、認知症になった親の介護のために娘が仕事を辞めたが再就職できない……こうした話はよく聞くものの、調査を率いた社協の菊池まゆみさんは、その人数を20人か、多くても30人と見込んでいました。ところが1年半に及ぶ調査の結果、高齢化が進んだこの小さな町になんと113人もの「ひきこもり(長期無業者)」がいたのです。

対象年齢に占める「ひきこもり」比率は8・74%、男性が女性の約2倍で、40歳以上が半数ちかくにのぼることも明らかになりました。

内閣府が40~64歳までのひきこもりを約61万人と発表し、40歳未満の約54万人と合わせて全国で100万人以上になったことに驚きが広がりましたが、藤里町の徹底した全数調査は、事態がさらに深刻なことを示唆しています。

日本の18歳以上55歳未満の人口は5703万人（2017年）、その8・74％は498万人です。都市と地方では環境が異なるし、藤里町の調査は精神疾患なども含まれているため単純に当てはめることはできないとしても、この数字は衝撃的です。――内閣府調査は64歳までを対象に「ひきこもり状態になって6カ月以上」の人数を推計していますが、藤里町社協が調べたのはシルバーバンク（高齢者就労支援事業）の対象にならない55歳未満で、なおかつ2年以上働いていない町民なのです。

「ひきこもり500万人」なんてあり得ないと思うかもしれません。しかし藤里町の結果を男女比で見ると、「ひきこもり率」は男が10％超、女が5％超です。地域の子どもが集まる公立中学校の40人学級（男女同数）で、男子生徒2人、女子生徒1人が55歳までにひきこもりになると考えれば、これが荒唐無稽な数字とはいえないことがわかるでしょう。

藤里町の訪問調査では、本人は求職準備のために一時的に故郷に戻っていると思っていながら、その期間が5年（あるいは10年！）を超えていたり、「うちの子どもは遊び回っている」と親は思い込んでいても、その「遊び」はガソリンがなくなるまで一人でドライブすることだった、というケースがありました。

全国調査でも、アンケートではなく訪問調査で対象世帯の実態を調べれば驚くような数字が出てくる可能性があります。だとしたら必要なのはまず、私たちの社会がどうなっているのか、そのほんとうの姿を知ることではないでしょうか。

急落したGDP成長率

日本の社会がなぜ膨大な数のひきこもり（その3分の2は男性）を生み出すことになったかはあとでもういちど考えるとして、ここで平成の日本経済で起きたあまり知られていない事実（ファクト）をもうひとつ紹介しておきましょう。

最初に述べたように、平成が「失われた30年」になったいちばんの原因は日本経済の生産性が欧米諸国に比べて極端に低いからです。

その結果一人当たりGDP成長率は1975〜90年の年率3・9％から1990〜2000年には年率0・8％に低下しました。その後、成長率はやや回復したものの、比較的景気が堅調だった2000〜07年でも年率1・7％と、1990年以前に比較すると大幅に低い水準にとどまりました。

図表5 1990年の工場は2003年までにどれだけ閉鎖されたか?

	総数	閉鎖工場	閉鎖率
ボトムグループ	42,475	31,017	73.02%
下位20%	42,448	28,177	66.38%
下位30%	42,459	26,360	62.08%
下位40%	42,450	25,063	59.04%
下位50%	42,448	23,834	56.15%
上位50%	42,460	22,757	53.60%
上位40%	42,454	21,735	51.20%
上位30%	42,457	20,678	48.70%
上位20%	42,448	19,854	46.77%
トップグループ	42,436	20,007	47.15%
計	**424,535**	**239,482**	**56.41%**

深尾京司『「失われた20年」と日本経済』より

1975〜90年の人口一人当たり実質GDP成長率の平均は年率3・9%で、1990〜2007年にはそれが1・1%へと2・8ポイントも低下しています。仮に日本が1990年以降も、それ以前と同じ成長率を維持できていたとすれば、2006年時点で一人当たりGDPは61%高かったことになります。これだけで日本の風景は大きく変わっていたでしょう。

経済学者の深尾京司さんは、このような問題意識から、『「失われた20年」と日本経済構造的原因と再生への原動力の解明』(日本経済新聞出版社)で、平成日本はなぜ経済成長できなかったのかを検証しています。

そこで深尾さんが発見したのは、次のような奇妙なデータでした。

図表5は、1990年に日本国内にあった42万4535の工場を、もっとも生産性の低い「ボトムグループ」から、もっとも生産性の高い「トップグループ」まで10％単位で分類し、それが2003年にどうなったのかを示したものです（『失われた20年」と日本経済』掲載の表を簡略化）。

生産性の高い工場も閉鎖されている？

これを見ると、1990年にはもっとも生産性の低い「ボトムグループ」には4万2475の工場があり、そのうち2003年までに3万1017が閉鎖されて、工場閉鎖率は73・02％になります。同様に、生産性で下位10～20％のグループには4万2448工場あり、そのうち2万8177が閉鎖されたので、閉鎖率は66・38％です。

不況期に生産性の低い工場が縮小・閉鎖され、生産性の高い工場が増えていくことで、経済全体の生産性は向上していきます。実際、アメリカやイギリスではこうした「（工場の）再分配効果」が生産性上昇の主因だと考えられています。

日本でも、生産性が低かった工場の6割から7割は閉鎖されています。しかし不思議なのは、**生産性が高かった工場も同時に閉鎖されている**ことです。

1990年にもっとも生産性が高かった「トップグループ」には4万2436工場ありましたが、そのうち2003年までに2万7工場が閉鎖されており、閉鎖率は47・15%です。生産性で上位10~20%のグループには4万2448工場あり、そのうち1万9854工場が閉鎖されて閉鎖率は46・77%です。

1990年からの13年間で生産性の低い工場の多くが閉鎖されたのは当然としても、同じ期間に生産性の高い工場も半分ちかくが閉鎖されているのです。トップグループから上位50%のグループまで、生産性にかかわらず閉鎖された工場の数がほとんど変わらないというのも驚くべきことです。

もちろん、古い工場が閉鎖されても生産性の高い工場が新設されてそれを補えば全体の生産性は上がるでしょう。

たしかに、1990~2003年のあいだに日本国内で10万1152の工場が新設されています。ところがそれに対して同じ期間に23万9482の工場が閉鎖されており、純減は13万8330、13年間で日本の工場数は3分の2になってしまいました。新設の工場は生産性が高いかもしれませんが、そもそも数が少ないため、日本では「(工場の)純参入効果」もはたらきませんでした。

ここまでは工場数の話ですが、生産性の高い工場は生産性の低い工場に比べて規模(売上高)が格段に大きいのです。それにもかかわらず約半数が閉鎖されたため、規模を勘案した加重平均で算出される「(工場の)退出効果」は13年間でマイナスになっています。日本経済の成長率の低迷は、この「奇妙な事実(ファクト)」でかなり説明できるのです。

報酬の高い産業から低い産業への移動

ここで誰もが感じる疑問は、「なぜ生産性の低い工場だけでなく、生産性の高い工場まで閉鎖したのか?」でしょう。

深尾さんはその理由として、「生産性の高い製造業が海外の市場や安価な労働を求めて海外移転を進めたこと」と、「大企業が国内において、おそらく労働コストの削減を求めて、生産の拡大を子会社に担わせ企業内ではリストラを進めたこと」を挙げています。

バブルが崩壊して日本経済が急減速したとき、日本企業にとって最大の重荷はバブル期に大量採用した人員でした。日本ではいったん雇った正社員はよほどのことがないかぎり解雇できないことになっているので、だぶついた社員を年功序列・終身雇用で養っていかなくてはなりません。このことに気づいた経営者は、会社が消滅するリアルな恐怖を感じたのではないでしょうか。

こうして、なりふりかまわぬ人件費の削減が始まりました。

最初にやったのは、新卒採用を大幅に絞り込むことです。とにかく、流れ込んでくる正社員を止めなくてはなりません。

次は、年功賃金のカーブを平準化することです。これまでと同じように年齢に応じて給与を増やしていったら、人件費の重みで会社がつぶれてしまいます。日本的雇用システムでは会社と正社員は一蓮托生ですから、労働組合も「賃下げ」に応じるほかありませんでした。

それでもポストの数が限られている以上、どうしても余剰人員が出てきます。そこで子会社に転籍させたり、採算のとれない事業部ごと外資に売却したり、場合によっては中高年を「追い出し部屋」に放り込むようなことも行なわれました。これが「リストラ」として大きく報じられたわけですが、その陰でそもそも労働市場（正社員）から排除された膨大な数の若者たちがいることはほとんど顧みられることがありませんでした。

しかしこれだけでは、事業はどんどん縮小する一方です。そこで製造業を中心に、人件費の安い中国や東南アジアなどの新興国に積極的に進出して利益をあげようとする試みが広がりました。こうして、「日本の大企業においては、生産性の上昇が（日本国内の）生産の拡大に直結せず、むしろしばしば生産の縮小に直結する」という奇妙な事態が起こったのです。

平成の「失われた20年」において、雇用増加の大部分はサービス産業で生じており、雇用喪失のほとんどは生産の海外移転やリストラがつづいた製造業や、公共事業が減った建設業で起きました。

日本では、報酬の高い産業（製造業）から低い産業（サービス業）へと一貫して労働力が移動したため、これによって市場経済の実質付加価値を6％減少させたと深尾さんは試算しています。

ITへの投資が少ないのではなく、投資の効果がない

日本経済では製造業とサービス業の生産性の格差がしばしば指摘されますが、だからといって生産性の低い産業から高い産業に労働者が移るわけではありません。大手の製造業は、もはや国内でそれほど労働者を雇おうとしないからです。なぜなら、日本は人件費が高く、いったん雇った社員を解雇できないから。

そのうえ日本的雇用システムでは、欧米とちがって労働組合が産業別に組織されておらず会社別になっています。「働き方」は経営者と労働組合の「自治」で決めることになっており、このような仕組みから、自分たちの既得権を犠牲にして雇用を増やそうなどという発想が出てくるわけはありません。

日本では会社は「正社員の運命共同体」で、労働組合の最大の目的は会社を維持することと正社員の既得権を守る（自分たちが無事に定年まで勤めあげて満額の退職金を受け取る）ことですから、市場が縮小するなかでは、「社員を増やせば自分たちの取り分が減る」と考えるようになります。平成の製造業の特徴である積極的な海外進出と非正規比率

の急増は、ここから説明できるでしょう。

日本の生産性が低い理由として、しばしばＩＣＴ（情報通信技術）を効果的に活用できていないことが指摘されます。アメリカでは１９９０年代にＩＴ革命が生産性を加速させましたが、２０００年代半ばにその効果が出尽くしたことが「長期停滞」の要因ではないかといわれています。ところが日本経済では、そもそも「ＩＴ革命」は生産性に効果を及ぼしていません。

だとしたら、ＩＴへの投資が少ないのでしょうか？　しかしこれは事実に反します。たしかに先進国では、「企業が持つ技術知識ストックが2倍になると生産性が８％程度上昇する」という統計データがありますが、日本の研究開発支出対ＧＤＰ比率（２０１６年）は３・４２％で、Ｇ7諸国のなかでももっとも高いのです。

日本経済の問題はＩＴへの投資額が少ないことではなく、投資の成果が出ないことです。

このパラドクスを深尾さんは次のように説明します。

ＩＴ革命が到来して、アメリカでは、これまで会社内で行なわれてきた業務がアウトソースされるようになりました。こうして生産活動の一部が効率的な国内外のサービス供給者に集約され、経済全体の生産性が上昇したのです。

ところが日本では、雇用対策を優先したため、社員の仕事を減らすような業務のアウトソースができず、子会社や系列会社をつくって社内の余剰人員を移動させるという対応がしばしば行なわれてきました。しかしこれでは、個別の企業にとっては労働コストの削減にはなりますが、経済全体の生産性上昇にはつながりません。

さらにアメリカでは、ソフトウェアを導入するにあたって安価なパッケージソフトで済ませ、組織の改編や労働者の訓練によって、会社の仕組みをソフトウェアに対応させようとしました。それに対して日本では、労働組合が抵抗する組織改編や社員の訓練を避けるため、ソフトウェアを会社に対応させようとして、高価なカスタムソフトウェアを導入することになりました。

こうして日本では、ＩＴの導入が組織の合理化や労働者の技術形成をもたらさず、割高な導入コストや、異なったソフトウェアを導入した企業間の情報交換の停滞も相まって、生産性の停滞を引き起こしたというのです。

経済低迷の理由は「日本市場に魅力がない」から

深尾京司さんは『「失われた20年」と日本経済』で、「生産性の格差は（製造業とサービス業のような）産業間ではなく、同じ産業内で拡大している」と述べています。神林龍さんも『正規の世界・非正規の世界』で、「同じ産業・地域・企業規模の会社で働いていて、同じ性別・年齢・勤続年数・学歴・職種だったとしても、賃金の高い会社と低い会社の差が拡大してきた」という奇妙な事実を指摘しています。

同一労働・同一賃金の原則が徹底されていれば、同じ産業・地域・企業規模で同じような仕事をすれば給与も同じ水準になるはずです。ところが日本では、逆に会社間の差が広がっているのです。その理由は、日本的雇用システムでは労働市場の流動性が極端に低く、より効率的な（給与の高い）同業他社に転職することができないからでしょう。

これでは、**たまたま新卒で入った会社の業績という「運・不運」で人生が左右されてしまいます**。そしてまさに、これが「日本人（サラリーマン）の人生」なのです。

平成の30年を雇用の視点から振り返れば、次のようになります。

アメリカでは中小企業や社齢の若いベンチャー企業が多くの雇用を創出しましたが、日本は開業率が極端に低く、雇用に貢献することはできませんでした。

外資系企業は生産性が高いのですが、日本は対内直接投資が少なく、外資による雇用の拡大も期待できませんでした。

さらに、規模の大きな製造業は国内の工場を閉鎖し、海外へと出て行ってしまいました。

これをまとめると、日本経済の低迷の原因は、**「日本市場に魅力がないから」**ということになります。

会社を「正社員の運命共同体」にする前近代的な日本経済の仕組みでは、正社員だけを過剰に保護することで労働市場の流動性がなくなり、会社は「いったん入ったら出られない」タコツボと化してしまいます。その一方で**金融危機や東日本大震災のような外的ショックが襲うとたちまち「就職氷河期」になり、若者が雇用から排除されてしまいます。**

このような社会でリスクをとってビジネスしても成功が見込めないため、開業率は低く、外資系企業は参入しようとせず、生産性の高い大企業は海外に出て行ってしまいました。

これが、平成の30年で日本経済が行きついた無残な姿なのです。

2 令和で起きること

昭和は戦前と戦後に分かれていますが、多くのひとが思い浮かべるのは高度経済成長期の昭和40年代以降でしょう。図表6は、「戦後昭和」が始まった1970（昭和45）年の人口ピラミッドです。

第二次世界大戦が終わると、すべての国で出生率が大きく上がるベビーブームが始まりました。日本では1947～49年までの3年間の合計出生数が800万人を超え、この大きな人口ブロックは「団塊の世代」と呼ばれるようになります。

図表6　1970年の日本の人口動態

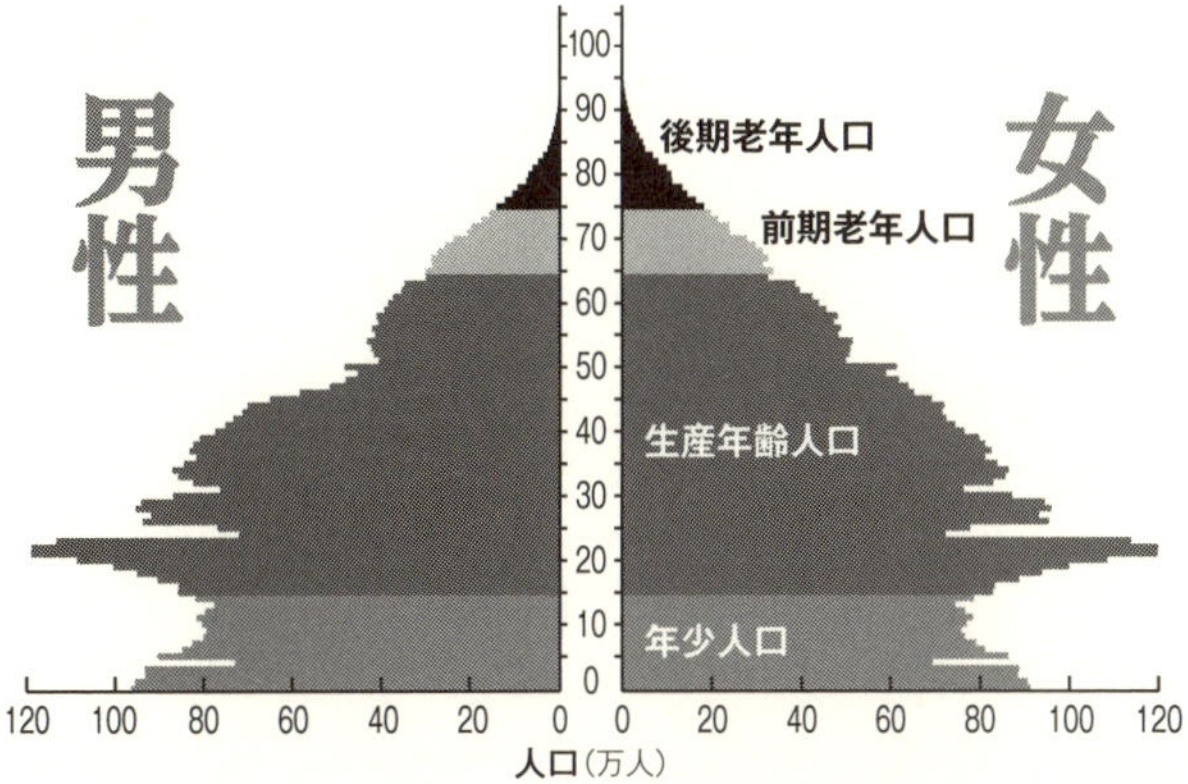

国立社会保障・人口問題研究所ホームページより

1960年代後半に青年期を迎えた彼ら／彼女たちは、フォーク（ボブ・ディラン）やロック（ビートルズ）など欧米の新しい音楽を真っ先に取り入れ、安保闘争などの学生運動にかかわったのち、70年代には「企業戦士」として戦後の高度成長を牽引します。

団塊の世代と団塊ジュニアに起きたこと

では次に、1995（平成7）年の人口ピラミッドを見てみましょう（図表7）。

1970年に血気盛んな若者だった団塊の世代は40代後半になり、日本社会の中核を担っています。20代前半にできているもうひとつの大きな人口ブロックは彼らの子どもたちで、「団塊ジュニア」と呼ばれます。

阪神淡路大震災と地下鉄サリン事件で日本社会が大きな衝撃を受けたこの年から、バブル崩壊の影響が広範囲に表われはじめ、名門金融機関が次々と破綻する90年代末の金融危機へとつながっていきます。

戦後の日本社会を支えてきた土台が大きく揺らいだこの時期、政府・行政に課せられた最大の責務は「団塊の世代の生活を守ること」でした。為政者は、この層の家計が破綻するようなことになれば社会そのものが根底から崩壊する恐怖を感じていたはずです。

こうして、巨額の公的資金を投入してなりふりかまわず景気を下支えすることになりま

図表7 **1995年の日本の人口動態**

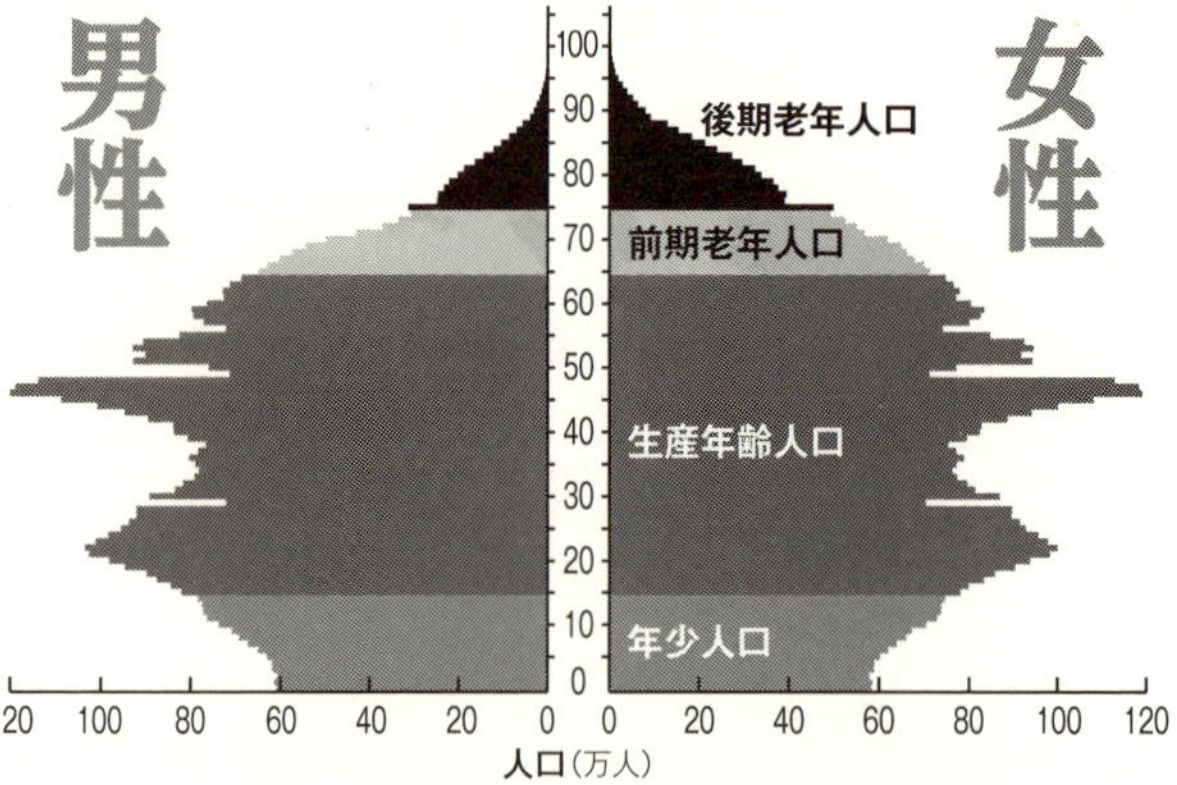

国立社会保障・人口問題研究所ホームページより

す。建設業での雇用を維持するために、日本全国に採算のとれない橋や道路、豪華な庁舎や公民館などの公共施設があふれたのはその象徴です。

こうして、「第三の敗戦」ともいわれた未曾有の「国難」のなかでも団塊の世代の雇用は守られることになります。だが皮肉なことに、そのことによって彼らの子どもたちである団塊ジュニアの雇用が破壊されたのです。

中高年ホワイトカラーの失業はわずか5万人

ここまで述べたことはまったく目新しい事実ではなく、労働経済学者の玄田有史さんが大きな評判を呼んだ2001年の『仕事のなかの曖昧な不安　揺れる若者の現在』（中公文庫）ですでに指摘しています。

この本の冒頭で玄田さんは、「横浜国際総合競技場の収容人員と45～54歳大学卒の失業者数を比べると失業者のほうが多い」という文章が正しいかどうか、読者に問いかけます。この当時は90年代末の金融危機の影響が尾を引き、メディアは中高年の「過酷なリストラ」を大々的に報じていました。そうした報道に慣れ親しんだ読者は、45～54歳大学卒の失業者数はものすごく多いと感じていたでしょう。

しかし玄田さんは、2000年8月の「労働力調査特別調査」にもとづいて、中高年ホワイトカラーの完全失業者は5万人で、これは同じ時点の失業者(310万人)の1・6%にすぎないと指摘します。2002年のサッカーワールドカップ決勝戦が行なわれた横浜国際総合競技場(日産スタジアム)の最大収容可能人数は7万2370人ですから、「戦後最悪の雇用状況」にある45~54歳ホワイトカラーの失業者をすべて集めてもスタジアムを満席にすることはできません。

だったら、この時期にいったい誰が失業で苦しんでいたのか。これもデータを見れば明らかで、年齢別でもっとも失業者数が多いのは25~34歳の85万人で、そのうち中卒・高卒が54万人と3分の2を占めています。25歳未満で中卒・高卒の失業者も38万人と「中高年ホワイトカラー」よりはるかに多く、どちらも7万人しか収容できないスタジアムからは大半があふれ出してしまいます。

もちろん、45~54歳の失業者も50万人とけっして少なくはありません。しかしそのうち大学・大学院卒は1割しかおらず、それに対して中卒・高卒は43万人で86%を占めているのです。

だとしたらなぜ、「若者の失業率が大幅に上がっている」とか、「職を失う中高年は低学歴層に多い」という「正しい」報道にならなかったのでしょうか。その理由はいうまでもありません。――誰も興味がないから。

パラサイト・シングルの〝発見〟

パラサイト・シングルは「学卒後もなお、親と同居し、基礎的生活条件を親に依存している未婚者」のことで、社会学者の山田昌弘さんが1999年に『パラサイト・シングルの時代』(ちくま新書)で命名しました。彼ら/彼女たちは当初、「社会人になっても親を利用して優雅な生活を送っている」とされ、新しい生き方としてもてはやされたりもしましたが、たちまち〝バッシング〟の標的になっていきます。

パラサイト・シングルは独身者ですから、結婚して子どもをつくることがありません。これが晩婚化・少子化の原因とされたのが典型的な批判のひとつです。「親に甘えて大人になろうとしない」「社会人としての自覚がなく、責任も果たそうとしない」というのです。

もうひとつの批判は、パラサイト・シングルはフリーターが多く、「失業予備軍」でしかないというものです。フリーターは「正社員として会社に所属せず、アルバイトなど自由な仕事で自己実現を目指す」働き方として１９８０年代のバブル期に脚光を浴びましたが、90年代半ば以降の「就職氷河期」では、「正社員になれないからしかたなくフリーターをやっている」ケースが大半になりました。

それにもかかわらずこの時期、新卒の若者のうち3年以内に会社を辞める割合が、中卒で7割、高卒で5割、大卒でも3割に達することが大きな社会問題になりました。日本は労働市場の流動性が低く、転職が困難なので、正社員を辞めた若者の多くがフリーターになりました。それが、「最近の若者はこらえ性がない」「世の中をなめてる」との批判につながっていきます。

玄田さんはこれについて、「卒業する前年の失業率が高ければ高いほど、学卒後に正社員になれたとしても、その会社をすぐに辞めてしまう傾向が強まる」というデータを示して反論していきます。高校・大学にかかわらず新卒時の採用状況がきびしいと妥協を余儀なくされ、望んだような仕事に就けません。これが、「若者が3年で辞める」理由になっているというのです。

「就職氷河期」の若者は賃金の低いフリーターや非正規になりやすく、自活するだけの収入を得られませんから、成人しても実家で暮らすしかありません。こうして1990年代末に「パラサイト・シングル」が〝発見〟されます。

アルバイト仕事はせいぜい20代までで、30歳を超えてフリーターをやっていると周囲から奇異な目で見られるし、職場にもいづらくなります。同窓会など、学生時代の友人と会う機会にも足が向かなくなるでしょう。

パラサイト・シングルのフリーターはやがて失業者になり、家から出ることのない「ひきこもり」になっていきます。このように、**「フリーター→パラサイト・シングル→ひきこもり」という現象は、1990年代半ばを起点として一直線につながっているのです。**

不都合なことはすべて若者の責任

玄田有史さんは『仕事のなかの曖昧な不安』の文庫版あとがきで、「この本の最大の主張は、中高年の雇用という既得権が若年から仕事を奪ったというものである」とはっきり書いています。そしてこの主張は、2004年にベストセラーになった『ニート　フリーターでもなく失業者でもなく』（幻冬舎文庫／フリーライター曲沼美恵さんとの共著）につながっていきます。

ニート（NEET）は、“Not in Education, Employment or Training”の略で、「就学・就労・職業訓練のいずれも行なっていない若者」を表わす言葉としてイギリスの労働政策で使われはじめました。玄田さんは、そんなニートが日本でも増えていることを警告しますが、これは若者を批判するためではありませんでした。

ところがその後、「ニート」は「働こうとしない（甘えた）若者」をバッシングする便利な言葉としてたちまち広まっていきます。

『ニート』のなかで玄田さんが強く推奨している対策が中学生の職業体験です。

兵庫県では1997年の連続児童殺傷事件（「酒鬼薔薇」事件）を機に、県内の中学2年生全員が1週間、「学校の時間割から離れ、希望する仕事場、趣味の場、ボランティアの場などで地域と向き合う」という「トライやる・ウィーク」が始まりました。富山県では、兵庫県のこの試みを参考に1999年から、やはりすべての中学2年生が5日間の地域体験を行なう「14歳の挑戦」が始まりました。

さまざまな困難はあったものの、生徒たちにアンケートをとってみると、富山県では95%の参加者が「とても充実していた」「だいたい充実していた」と体験を評価し、兵庫県では90%以上が「学校では学べなかったことを体験できた」と肯定的にこたえていました。「若年に対するさまざまな就業対策はあるが、本人たちからこれほど評価を受けている事業を、聞いたことがない」と玄田さんは書いています。

「トライやる・ウィーク」も「14歳の挑戦」も、「社会的弱者」である若者の労働市場への移行を支援するという、ヨーロッパでは当たり前に行なわれている労働政策の日本版です。ところがこのような試みを紹介したことに対しても、「日本を全体主義に誘導する」というような的外れの非難（というか罵声）が浴びせられました。

なぜこんなことになるのか。それは玄田さんが『仕事のなかの曖昧な不安』に書いた次の一節から明らかでしょう。

働く環境を改善し、ひいては生産性の向上を実現するには、中高年に対して手厚く与えられている既得権益を打破しなければ、ダメだろう。中高年の働き方を見直し、働く意識が弱くなったと、いつも片付けられてしまう若者にこそ、働く機会を確保すること。それが本当の社会的公正なのである。

これはきわめて正論ですが、2000年代の日本には、働き方を見直す気もなく、「手厚く与えられている既得権益」にしがみつく中高年がものすごくたくさんいました。いうまでもなく「団塊の世代」です。

このひとたちにとって、「中高年が若者の雇用を奪っている」という批判はとうてい受け入れがたいものでした。そこで、「世代間格差を煽《あお》るのは世代間の分裂を狙うグローバリストの陰謀だ」とか、「正社員になれないのもすぐに辞めてしまうのもすべて若者の自己責任だ」とかの「宣伝（あるいは「洗脳」）」を始めることになります。皮肉なことに、そのときにもっとも便利だったのは、（団塊の世代を批判する）玄田さんが日本に紹介した「ニート」という言葉だったのです。

正社員と非正規の「差別」のない国

イギリスでは1970年代に「ゆりかごから墓場まで」といわれた手厚い福祉政策が破綻し、「ネオリベ」のサッチャー政権が成立し、雇用政策そのものが大きく転換します。こうして始まったのが「積極的雇用政策」で、失業保険の受給要件を厳格に運用する一方で、職探しを支援し若者を労働市場に参加させることが目的とされました。

1997年に保守党から政権を奪った労働党のブレア政権もこの方針を受け継ぎ、25万人の若者を職に就かせるという「ニューディール政策」を掲げました。そこでは、「18～24歳で、6カ月以上失業保険を受給している者」を対象に、若者一人ひとりに職探しの専門家である「アドバイザー」がつけられます。

それでも一定期間（ゲートウェイ期間）に仕事が見つからない場合は、①12カ月のフルタイムの教育・訓練を受ける、②政府からの援助を受けた雇用主の下でひとつの仕事を行なう、③ボランティアの仕事をする、④政府の環境保護活動に従事する、の選択肢が提示され、すべて断った場合は失業手当が一定期間停止されます。ブレア政権は「リベラル」

と見なされますが、「真正保守」の安倍政権下の日本と比べても失業保険の給付基準はずっときびしかったのです。

その一方で2001年には、13～19歳のすべての若者を対象にしたコネクションサービスが始まります。この年齢層の「ニート率」が1割にも及んでいるという衝撃的な調査をきっかけに、「学校から仕事への移行」を支援することになったのです。

コネクションサービスは中央組織と47の地域に設立された機関からなり、専門分野を持ったパーソナルアドバイザーが若者の直面する課題に対応します。その結果、3年後には若者のニート率が3ポイント低下したとされています。

イギリスの若年雇用政策は先進諸国のなかでは成果をあげたと高く評価されていますが、それよりもすぐれた実績を達成したのがオランダです。北海油田からの石油・天然ガス収入で国民が福祉依存に陥った80年代の「オランダ病」を克服するために大胆な「ネオリベ的改革」を断行したこの国では、全就業者数に占めるパートタイム労働者の割合が2004年には35％と、OECD平均（15・2％）をはるかに上回りました。それでも大きな社会問題にならないのは、1996年にパートタイム労働とフルタイム労働の均等待遇が法制化され、「パート」は勤務時間が短いという以外、「フルタイム」となんのちがいもなくなったためです。

さらに2000年には「労働時間調整法」が施行され、従業員から労働時間の調整について要請があれば、使用者は原則としてこれを受け入れなければならなくなりました。これによって労働者は、子育てや親の介護、社会人教育など人生のライフスタイルに応じて勤務時間を主体的に決められるようになりました。

こうした「平等」で「リベラル」な雇用制度がオランダの低い失業率と良好な経済パフォーマンスを支えていたのですが、こうしたことは日本のマスメディアではほとんど紹介されませんでした。それは日本社会の主流派が「正社員」であり、マスコミの記者の大半が「正社員」だからでしょう。オランダのようなリベラルな「働き方改革」をやれば、正規と非正規の「身分」のちがいはなくなり、彼らの既得権はすべて否定されてしまうのです。

世界一高い最低賃金をさらに引き上げるフランス

同じヨーロッパでも若年失業率が高い国ではなにがうまくいっていないのでしょうか。

多くの経済学者が指摘するフランスの問題は、経済の実力に比べて最低賃金が高すぎることです。時給換算した世界の実質最低賃金ランキング（２０１７年）でも、フランスは11・２ドル（１２３０円）と第１位で、イギリスの８・４ドル（９２０円）はもちろん、ユーロ圏で「独り勝ち」をつづけるドイツの10・３ドル（１１３０円）よりも高くなっています（日本は７・４ドル≒８１０円）。

これは企業にとって、「経験のない若者を高い賃金で雇わなければならない」と法律で定められているのと同じです。当然のことながら経営者にとっては、素人にいちから仕事を教えるよりも、経験のある中高年を同じ給与で雇う方がずっと得です。

日本にも、「貧困を解消するために最低賃金を大幅に引き上げるべきだ」と主張するひとたちがいます。最低賃金引き上げが雇用を減らすかどうかは経済学者のあいだでも議論がつづいていますが、若者の雇用にマイナスの効果を及ぼすことについては確固とした合意が形成されています。

それにもかかわらずフランスでは、奇妙なことに、若者自身が最低賃金引き下げに強硬に反対するためどうしようもなくなっています。こうして公共事業などで雇用を創出しようとして失敗を繰り返し、ライバルであるドイツとの「経済格差」がどんどん開いていったのです。

マクロン大統領は経済成長に向けて積極的な改革と規制緩和を目指しましたが、その結果が全国的な「黄色ベストデモ」の混乱でした。その対応策として、「2022年までに公務員を12万人削減する」という公約を取り下げ、中間所得層を主な対象とする約50億ユーロ（約6200億円）の所得減税を実施し、最低賃金をさらに引き上げると約束せざるを得なくなりました。

次期米大統領選の民主党候補者選びで大きな影響力を持つとされる左派（レフト）のアレクサンドリア・オカシオ＝コルテス下院議員は移民をルーツに持つ29歳で、若年層に絶大な人気がありますが、最低賃金を15ドル（1600円）に引き上げるべきだと主張しています。日本でも、最低賃金を時給1500円に引き上げるよう求める若者たちの運動が広がっています。

フランスの例を見るかぎり、こうした「若者のための」政策が実現すれば、これまで最低賃金で雇われていた中高年の収入は増えるかもしれませんが、学歴や職歴のない若者は深刻な苦境に追い込まれることになるでしょう。

「北」と「南」に分断されたイタリア

フランスと同じく若年層の高い失業率に苦しむイタリアの問題は「北（ローマ以北）」と「南（ローマ以南）」の経済格差です。

本来であれば、経済が低調な「南」は賃金が安く、好調な「北」は賃金が高くなり、「南」の労働者はより賃金の高い仕事を求めて「北」に移動し、逆に製造業などは、人件費コスト削減のため積極的に「南」に投資して工場などをつくろうとするはずです。

ところがイタリアでは、労使で決まった賃金が全国一律で採用されるため、こうした市場原理がはたらきません。運よく仕事にありついた「南」の労働者は「北」に行っても賃金が上がらないからそのまま地元にとどまろうとするし、「北」の会社にしても人件費が変わらない「南」に進出する理由がありません。こうして「南」の失業率が跳ね上がることになります。

全国一律の賃金決定方式を変えられないのは、イタリアがもともと歴史的・文化的に異なる地域を寄せ集めてつくったガラス細工のような「人工国家」だからでしょう。ミラノなど「北」のひとたちは、ナポリやシチリアなど「南」を同じ国と見なしていないといいます。そんななかで地域別の賃金政策を採用すれば、脆弱《ぜいじゃく》な国家はたちまち瓦解してしまうのです。

さらにイタリアでは、日本と同様に社員の解雇がきわめて困難で、正規雇用は「そこに入り込むことは非常に難しいが、いちど入り込んでしまえば、それを失わせることも困難である」という意味で「要塞《ようさい》(fortress)」と呼ばれているそうです。

その結果、「北」と「南」では失業率にも大きなちがいが生まれます。地域別の失業率は古いデータしかありませんが、1996年時点では、「北」の6・6%に対して「南」の21・7%と3倍になっています。

これでは南イタリアの若者たちは、犯罪組織の下で働く以外に生計の道がなくなってしまいます。家族の絆と闇経済で生活が支えられているという、新興国のような状況になってしまったのです。

近年のイタリアではポピュリズムの嵐が吹き荒れ、北部独立を掲げる〝極右(右派ポピュリズム)〟の「同盟」と、南を地盤とする〝極左(左派ポピュリズム)〟の「5つ星運動」が連立政権を組むという奇妙奇天烈なことが起こりました。その背景には、非合理的な「岩盤規制」と労働市場の硬直性があるのです。

守られた〝おっさん〟の既得権

ここまで述べたのは経済学者の白川一郎さんが『日本のニート・世界のフリーター』(中公新書ラクレ)で紹介している例ですが、同じヨーロッパでも国によってさまざまな事情があり、若年失業者対策でも、うまくいっているところと困難なところがあります。

それでもヨーロッパの国々は、どこも若者の失業を減らそうと苦心惨憺しています。それに比べて日本の特殊性は、2000年代になって若者の失業が社会問題になっても、「働く気のない若者」の自己責任だとして政策的な対応に無関心だったことだと白川さんはいいます。

これまでさまざまなところで繰り返し述べてきましたが、私は、日本的雇用の本質は「重層的な差別」であると考えています。なぜなら、日本という社会が、先進国のふりをした身分制社会だからです。そのためこの国では、あらゆるところに「身分」が顔を出します。

オランダでは「フルタイム」と「パートタイム」は勤務時間が異なるだけでまったく平等な労働者ですが、日本では「正規」と「非正規」は身分のちがいで、「非正規に落ちる」とか「正社員に上がる」という言葉がごくふつうに使われます。正社員との収入格差でも、社宅や家族手当などの福利厚生でも、雇用の保証でも、日本の「非正規」は先進国ではあり得ないような劣悪な労働条件を課せられています。

安倍晋三首相が2018年の施政方針演説で「同一労働同一賃金を実現し、非正規という言葉をこの国から一掃する」と宣言してから「働き方改革」は一気に進み、裁判所でも非正規の原告の主張を認める画期的な判決が相次いでいます。

「同じ仕事をすれば、身分や性別、人種などのちがいにかかわらず同じ賃金が支払われる」というのはリベラルな社会の大前提ですが、「リベラル」を自称する日本の労働組合はこれまで同一労働同一賃金に頑強に反対し、「日本には日本人に合った働き方がある（外国のことなど関係ない）」として「同一価値労働同一賃金」を唱えてきました。排外主義（ネトウヨ）と見まがうようなこの奇怪な論理では、「正社員と非正規は同じ仕事をしていても労働の「価値」が異なるから、待遇がちがうのは当然だ」とされます。

これは要するに、**正社員と非正規は「身分」がちがい、人間としての「価値」がちがう**ということでしょう。ところがリベラルな知識人はこのグロテスクな論理を批判しないばかりか、保守派とともに「日本的雇用を守れ」と大合唱し、非正規への身分差別を容認してきたのです。

「人権」と「平等」を金科玉条とする労働組合は非正規などという「身分」を認めず、親会社と子会社の「身分格差」もなくし、海外で採用した社員を「現地採用」として「本社採用」の日本人と「国籍差別」するようなことはぜったいに認めないはずです。

ところがこれらはすべて日本企業が当たり前に行なっていることで、そこには必ず労働組合があります。だとしたら、彼らのいう「人権」や「平等」とはいったいなんなのでしょうか？

マスコミも含め日本の企業や官庁、労働組合などを支配しているのは「日本人、男性、中高年、有名大学卒、正社員」という属性を持つ〝おっさん〟で、彼らが日本社会の正規メンバーです。そんな〝おっさん〟の生活（正社員共同体としての会社）を守るためには「外国人、女性、若者、非大卒、非正規」のようなマイノリティ（下級国民）の権利などどうなってもいいのです。

拙著『お金持ちになれる黄金の羽根の拾い方』（幻冬舎文庫）が世に出た直後ですから2003年頃だと思いますが、ある経済紙の記者と話をしたことがあります。その記者は「中高年の雇用を過剰に保護していることが若年層の失業を招いたのではないか」との問題意識で、紙面で大型特集を組もうとしたそうです。

ところが連載第1回が掲載されたとたん、新聞社には猛烈な抗議の電話が殺到しました。そのほとんどは当時50代半ばの団塊の世代で、その新聞の主要購買層だったため、経営幹部は怖れをなして「働き方改革」の企画を封印してしまいます。こうしてその新聞社では、中高年の既得権に触れることはタブーになったのだそうです。

さらに興味深いことに、つい最近、この話をある男性週刊誌の記者にしたところ、そのときは面白がってくれたのですが、後日「あのコメントは使えなくなりました」との連絡を受けました。なんでも、「最後に残った数少ない読者」を刺激したくないからだそうです。

『一切なりゆき　樹木希林のことば』（文春新書）をはじめとして、近年のベストセラーの多くは70～80代を読者対象にしたものです。もはや活字を読むのは、この世代しかいなくなりました。新聞にせよ、出版にせよ、活字メディアにとって団塊の世代を批判することが最大のタブーになっているのです。

日本がなぜこんな社会になったのか、よくわかるエピソードだと思います。

「働き方改革」が進みはじめた理由

団塊の世代の雇用を守った平成が終わって、令和はどのような時代になるのでしょうか。

図表8は令和2年となる2020年の人口ピラミッドです。東京オリンピックが開催されるこの頃から団塊の世代が後期高齢者（75歳以上）になりはじめ、労働市場からかんぜんに退場します。

「リベラル」な旧民主党政権は2013年に労働契約法を改正し、「不合理な労働条件の禁止」を盛り込んだものの、正社員と非正規のあいだの大きな格差など、日本的雇用の身

図表8 2020年の日本の人口動態

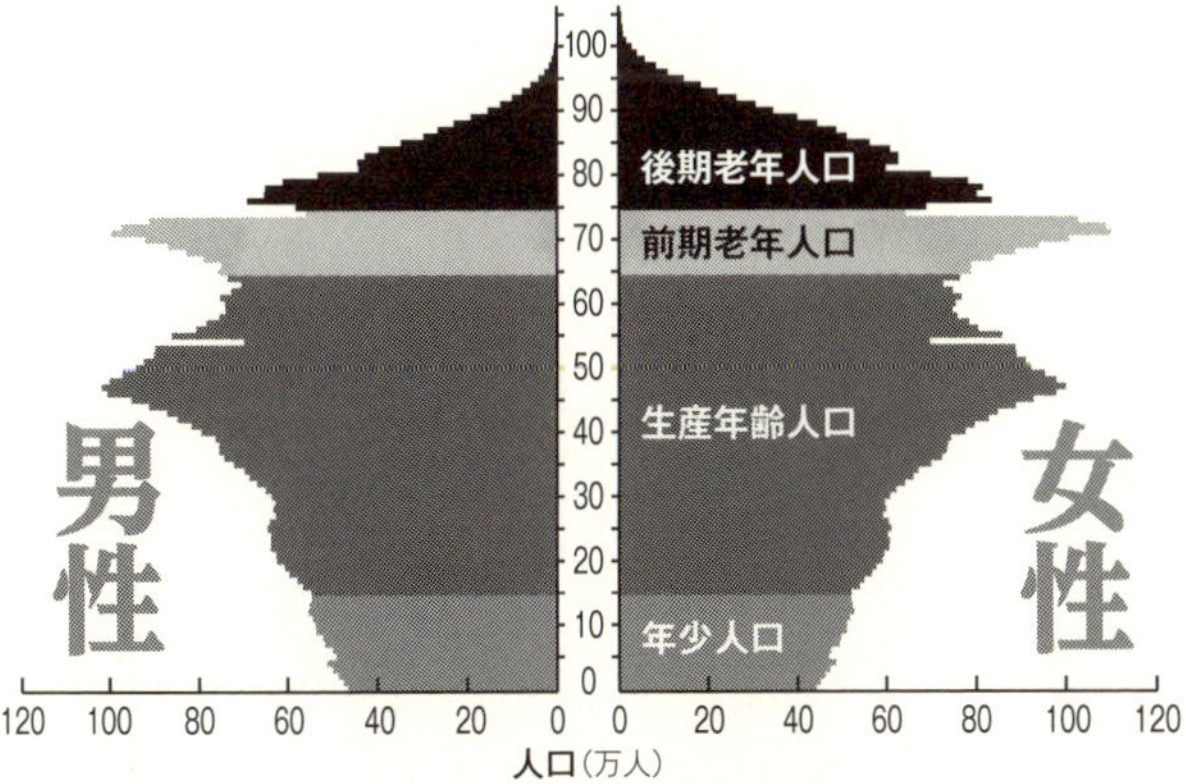

国立社会保障・人口問題研究所ホームページより

分差別的な悪弊にはほとんど手をつけることができませんでした。それに対して「真正保守」の安倍政権は「女性が輝く社会」や「働き方改革」などリベラルな経済政策を掲げ、「日本的雇用」の〝破壊〟に邁進しています。

「民主党の最大の支援団体は連合で、正社員の既得権を奪うような改革などできるはずはなかった」「少子高齢化による空前の人手不足で、「保守」であれ「リベラル」であれ、どんな政権も女性と高齢者を労働市場に参加させ、それでも足りない労働力を外国人で補うしかない」――。こうした説明はたしかにそのとおりですが、人口ピラミッドを見ればもっと単純な理由があることがわかります。

2017年9月、日本の働き方を大きく変える可能性のある画期的な判決が東京地裁で出されました。日本郵便で配達などを担当する契約社員3人が、正社員と同じ仕事をしているにもかかわらず手当や休暇などに格差があるのは違法だとして、未払い手当など約1500万円の損害賠償を求めた裁判で、一部を「不合理な差異にあたる」として約92万円の支払いが日本郵便に命じられたのです。

これ以降、裁判所は次々と同様の判決を出すようになり、日本郵政グループ労働組合は18年4月、非正規社員の待遇改善として1日当たり4000円の年末年始手当を新設する代わりに、約5000人の正社員に支給していた住宅手当の廃止を受け入れました。「非正規」のために「正社員」が既得権をあきらめるなど、これまでならとうてい考えられない話です。

2018年9月に経団連の中西宏明会長が、企業の採用活動の時期を定める「就活ルール」を廃止すると発言して大学関係者を驚愕させました。19年4月には経済同友会次期代表幹事の桜田謙悟氏が「新卒一括採用はやめた方がいい」と明言し、5月にはトヨタ自動車の豊田章男社長が日本自動車工業会の記者会見で「終身雇用を守っていくというのは難しい局面に入ってきた」と発言しました。経営側の代表が日本的雇用の根幹を否定するようなことも、従来の常識からは考えられません。

この数年でこうした事態が同時多発的に起きているのは偶然ではありません。**「働き方改革」は、団塊の世代が現役を引退したことではじめて可能になったのです。**

1970年代から半世紀のあいだ、団塊の世代は一貫して日本社会の中核を占めていました。

どのような政党が権力を握ろうとも、彼らの利益を侵すような「改革」ができるわけはありませんでした。その重しがとれたことで、日本社会にもようやく、グローバルスタンダードから大きく取り残された前近代的な雇用制度を見直そうという機運が生まれたのです。

令和の最初の20年で起きること

2019年6月、「高齢社会における資産形成・管理」と題した金融庁の報告書が炎上し、撤回されるという珍事が起きました。「高齢夫婦が退職後30年暮らしていくには、年金以外に約2000万円が必要」と書いてあるというのです。

ところが、ホームページからダウンロードして報告書を読んでみると、この要約はかなり不正確です。

報告書では、「平均的な高齢者世帯」を示し、収入21万円に対して支出26万円で毎月5万円が「赤字」になるとしています。その一方で65歳の平均金融資産は夫婦世帯で2252万円で、これを取り崩して不足分を補填しているのです。

この現状から報告書は、「現役世代が同じような「平均的家計」を望むなら、2000万円を目途に資産形成した方がいい」という至極まっとうな提言をしています。これだけなら、いったいどこが「問題」なのかさっぱりわかりません。

炎上の理由は、報告書が示す「平均」が高すぎたことでしょう。「持ち家」で「年金受給額が月20万円」で「金融資産2000万円」を超える高齢世帯は全体の3割程度です。この高い基準が「平均以下」とされた7割の高齢者の不安を煽り、選挙を控えた与党に大きな衝撃を与えたのです。

金融広報中央委員会の家計調査（2018年）では、「金融資産を保有していない」と回答した割合が60代で22・0%、70歳以上で28・6%もいます。70歳以上の人口は2500万なので700万人が貯蓄なしで暮らしていることになります。その一方で、世帯別の金融資産保有額が2000万円以上は60代で28・2%、70歳以上で27・9%となっています。

ここからわかるのは、高齢世帯が、金融資産をほとんど保有していない3割と、多額の金融資産を持つ3割に二極化しているという実態です。

高齢化が進むにつれて、社会保障に依存する国民の割合は高くなります。このひとたちは年金がないと生きていけませんから、いまや年金受給権に触れるのは最大の政治的タブーなのです。

この出来事から、これから始まる令和の姿が確実に予想できます。

平成が「団塊の世代の雇用(正社員の既得権)を守る」ための30年だったとするならば、令和の前半は「団塊の世代の年金を守る」ための20年になる以外にありません。

いまから振り返ってみるならば、平成の日本は「働き方改革」をあきらめる代わりに「社会保障改革」に専念すべきでした。日本社会の中核である団塊の世代がまだ40代であれば、「現役世代の負担を軽減する」という名目で社会保障を効率化する改革案が受け入れられる余地はじゅうぶんにあったでしょう。

しかしこの千載一遇の機会を逸したことで、もはやこの国に選択の余地はなくなってしまったのです。

現役世代1・5人で高齢者1人を支える社会

団塊の世代が90代を迎える2040年には団塊ジュニアが前期高齢者（65歳以上）となって日本の高齢化比率は35％に達し、単純計算では、現役世代1・5人で高齢世代1人を支えることになります（図表9）。

これが日本の高齢化のピークで、内閣府・財務省・厚労省などが作成した「社会保障の将来見通し」（2018年）によれば、現状のままなら40兆円の医療給付費は2040年に70兆円と1・8倍に、10兆円の介護給付費は25兆円と2・5倍になり、年金給付は57兆円から73兆円に増えます。すべてを合わせれば168兆円というとてつもない金額です。

ベストセラーとなった河合雅司さんの『未来の年表』（講談社現代新書）でも、団塊の

図表9 2040年の日本の人口動態

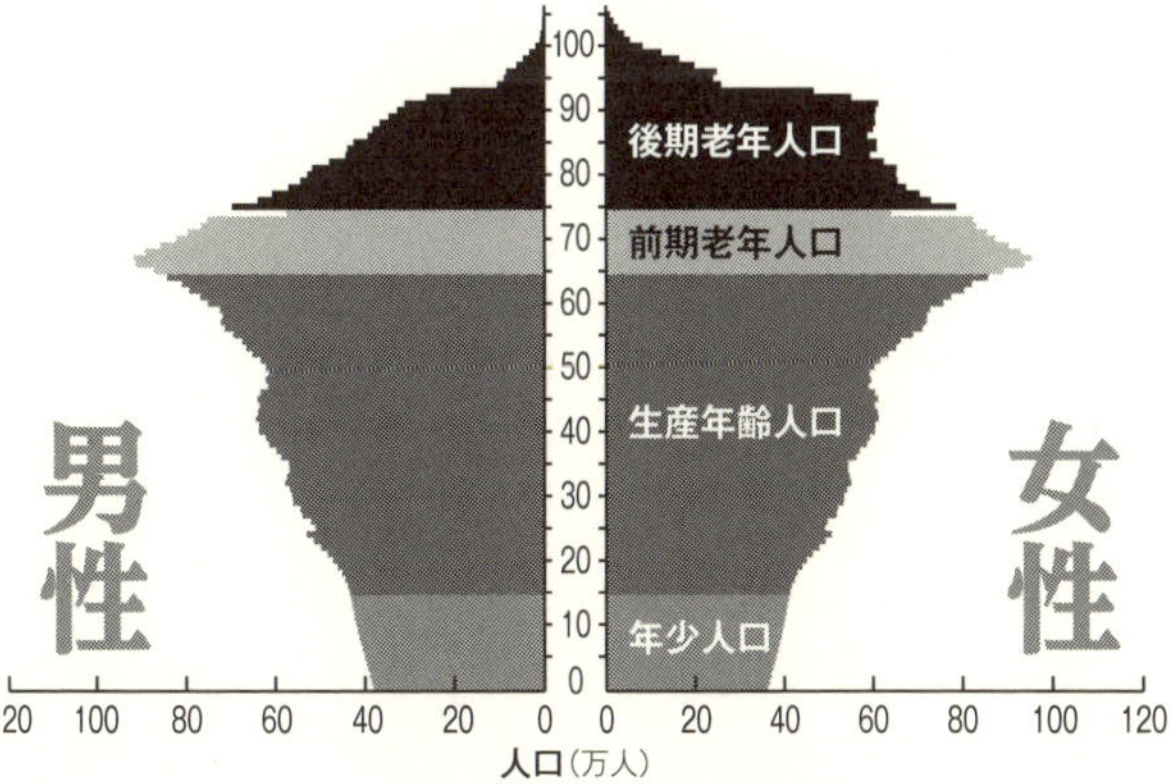

国立社会保障・人口問題研究所ホームページより

世代の動向を中心に日本の将来が予想されています。

２０２６年には高齢者の５人に１人が認知症患者となり、その人数は施設の収容能力を大幅に超える７３０万人となる。

２０３０年には団塊の世代の高齢化で、東京郊外にもゴーストタウンが広がる。

２０３３年には空き家が２１６７万戸に達し、３戸に１戸で住人がいなくなる。

２０４０年には全国の自治体の半数ちかくが「消滅」の危機にさらされる……。

このとき、日本社会はいったいどのような姿になっているのでしょうか。

「誰も未来を知ることはできない」というの

は真実ですが、これにはひとつだけ例外があります。それが人口動態で、大規模な移民や戦争などがないかぎり、先進国では死亡率や出生率は安定しているので、10年後や20年後だけでなく半世紀先までほぼ確実にその動向を知ることが可能です。

当然のことながら、現在起きているさまざまな問題は1970年代には予想されていました。選挙のたびに大盤振る舞いを繰り返し、改革を先送りしてきたのは政治の怠慢ですが、いまさらそんなことをいっても仕方ありません。どれほどきれいごとをいっても、誰だって目の前の利益に飛びつくし、他人（まだこの世に存在しない未来の世代）の不幸より自分の幸福が大事だというだけのことです。

これは「人間の本性」なので、なにも「日本人だけが愚かだ」といいたいわけではありません。私たちはしょせん、理性よりも直観を信じる愚かな生き物なのです。

確実に来る未来

ここまで述べたことは「1＋1＝2」のような単純な話なので、まともな政治家や優秀な官僚は、もちろん令和がどのような時代になるのかわかっているはずです。だとしたら、彼らはこの国をどうするつもりなのでしょうか。

先日、経済官庁の若手官僚と話をする機会がありました。たまたまこの話題になって、「働き方改革がようやく始まったが社会保障改革はどうなるのか」と訊いたら、彼はしばらくきょとんとした顔をしていて、それから「誰も改革なんかに興味ありませんよ」といいました。

私はすぐにその意味がわからなかったのですが、その後、2020年の人口ピラミッド（図表8）を見て彼がいわんとしたことを理解できました。

団塊の世代は政治家にとって最大の票田です。彼らの死活的な利害が「会社（日本的雇用）」から「年金」に移ったことで「働き方改革」は進められるようになったものの、年金と医療・介護保険の「社会保障改革」はますます困難になりました。

金融庁の報告書の大炎上を見てもわかるように、理想主義の官僚がどんな「改革案」を出したとしても、有権者の不安を煽るとして政治家によってすべて握りつぶされてしまうでしょう。自分の出世や家族の生活を考えれば、失敗することがわかりきっていることをやろうとする奇特な人間などいるはずはありません。——いわれてみればたしかにそのとおりです。

だったらどうするのかというと、その若手官僚によれば、「ひたすら対症療法を繰り返す」のだそうです。年金が破綻しそうになったら保険料を引き上げる。医療・介護保険が膨張したら給付を減らす。それでも駄目なら消費税率をすこしだけ上げる。そうやって20年間耐えつづけ、2040年を過ぎれば高齢化率は徐々に下がっていく。だったらなぜ、わざわざ「改革」などという危険なゲームをしなければならないのか。これが「霞が関の論理」だというのです。

私はそれを聞いて、まるで太平洋戦争のガダルカナルの戦いみたいだなと思いました。官僚は「国家百年の計」を考えるそうですから、どれほど国民がヒドい目にあっても、20年くらいの持久戦はなんでもないのかもしれません。

この持久戦に耐え抜けば「下級国民」があふれるより貧乏くさい社会が待っており、失敗すれば日本人の多くが難民化する「国家破産」の世界がやってくる。これが、私たちが生きることになる令和の日本なのでしょう。

PART 2
「モテ」と「非モテ」の分断

3 日本のアンダークラス

日本では社会学者を中心にＳＳＭ（社会階層と社会移動全国調査 Social Stratification and Social Mobility）とＳＳＰ（階層と社会意識全国調査 Stratification and Social Psychology）という大規模な社会調査が行なわれており、直近では２０１５年に実施されました。ＳＳＭでは仕事、経済状態、資産、親世代や子ども世代との関係などの情報を自宅訪問で訊ね、ＳＳＰは社会的態度（意見や価値観）、社会的活動や頻度などをタブレットＰＣを用いた技法で集めています。

SSP2015の研究代表者である社会学者の吉川徹《きっかわとおる》さんによれば、SSMは「現代社会システムの「ハードウェア」」、SSPは「現代日本人の「社会の心」」の実像を知るための調査になります。

その吉川さんは、『日本の分断　切り離される非大卒若者（レッグス）たち』（光文社新書）で、SSPの結果から現代日本人の「ポジティブ感情」を比較しています。その結果はとても興味深いので、すこし詳しく紹介しましょう。

現代日本社会の8つのグループ

ポジティブ感情は、以下の4つの指標で構成されています。

階層帰属意識　自分が「上層階層」に属していると思うか

生活満足度　生活全般に満足しているか

幸福感　現在どの程度幸せか

主観的自由　「私の生き方は、おもに自分の考えで自由に決められる」と思うか

「ポジティブ感情」とは要は「幸福度」のことですが、「幸福感」の項目が別にあるのでこの名称にしたのでしょう。

自分は「上層階級」に属していると思い、「自分の人生は自分で自由に決められる」と考え、生活全般に満足し、いまの自分は幸福だと思うのが「ポジティブ感情が高い」ひとです。逆に自分は「下層階級」だと思い、人生は自分の自由にならないと考え、生活には不満が多く、いまの自分は不幸だと思うのが「ポジティブ感情が低い」ひとになります。

日本の社会がどうなっているのかを知るために、吉川さんは現代日本人を男女、年齢、学歴で8つのカテゴリーに分けました。壮年層は（2015年時点で）40代と50代だった約3305万人（昭和育ち）、若年層は20代と30代だった2720万人（平成育ち）、学歴は「学校歴」ではなく「大卒」「非大卒（高卒、高校中退など）」で区別しています。

こうして定義した8つのグループの「ポジティブ感情」を平均値50、標準偏差10の得点に変換し、高い順に並べたものが図表10です。得点はテストの偏差値と同じようなものと考えればいいでしょう。

上流／下流は「学歴格差」

具体的な検討は後回しにして全体を見ると、ここに一定の傾向があることがわかります。それは以下の3点にまとめられるでしょう。

① 非大卒より大卒の方がポジティブ感情が高い（例外なし）

② 他の要素が同じなら男性より女性の方がポジティブ感情が高い（壮年大卒男性は例外）

③ 他の要素が同じなら壮年より若年の方がポジティブ感情が高い（若年大卒男性は例外）

図表10 現代日本人のポジティブ感情

順位	性別	年齢	学歴	得点
1	女性	若年	大卒	52.07
2	男性	壮年	大卒	51.81
3	女性	壮年	大卒	51.72
4	男性	若年	大卒	50.75
5	女性	若年	非大卒	49.58
6	男性	若年	非大卒	48.81
7	女性	壮年	非大卒	48.69
8	男性	壮年	非大卒	47.94

吉川徹『日本の分断』より

グレイに網掛けした部分がこの「法則」の例外ですが、「非大卒より大卒の方がポジティブ感情が高い」という傾向ははっきりしています。ここから吉川さんは、「現代日本社会は（学校歴ではなく）学歴によって分断されている」として、こう述べています。

若年ワーキングプア、正規・非正規格差、教育格差、勝ち組／負け組、上流／下流、子どもの貧困、さらには結婚できない若者、マイルドヤンキー、地方にこもる若者、地方消滅……次々に見出される現代日本の格差現象の正体は、じつはすべて「大卒学歴の所有／非所有」なのだ——。

東大卒のフリーターとか、大学院を出たネットカフェ難民がメディアに大きく取り上げられた時期がありました。その理由は、新聞・雑誌の読者の多くが大卒で、その子どもたちも大卒である可能性が高く、「高学歴にもかかわらず人生に失敗した」という話題にきわめて関心が高いからでしょう。

「Fラン」は「Fランク大学」の略で、入学試験の点数にかかわらず入学金さえ払えば誰でも入れる大学としてメディアでも面白おかしく取り上げられます。その一方で、高卒・高校中退の「低学歴」を揶揄《やゆ》することは「差別」と見なされ、ときにはげしい反発を招きます。

なぜこのようなちがいが生じるかというと、現代日本社会が「大卒／非大卒」の学歴によって分断されているからで、大卒の肩書がつく「Fラン」は「上層階級」になんとか引っかかっているためジョークにできますが、高卒・高校中退は「下層階級」で、その経済的困窮や過酷な生活はシャレにならないのです。

ここで「上層階級」「下層階級」という言葉に引っかかるかもしれませんが、これは社会学でいう「アッパークラス」「アンダークラス」のことで、欧米では一般的に使われている用語です——吉川さんは「軽学歴の男たち」の意味で「レッグス（LEGs／Lightly Educated Guys）」と名づけました。

2000年代に流行語になった「下流社会」は、「（学歴にかかわらず）誰もが下流に落ちる可能性がある」という意味で使われました。しかしこれは、事実（ファクト）に反します。**現代日本社会において、「下流」の大半は高卒・高校中退の「軽学歴」層**なのです。

若い大卒男性の幸福度は低い

性別・学歴のカテゴリーが同じなら「若者の方が壮年よりポジティブ感情が高い」というのは誰もが納得するでしょう。人生の先が見えているシニアより、未来に希望を抱いている若者の方が幸福感が高いのは当たり前だからです。

それに対して、年齢・学歴のカテゴリーが同じなら「女性の方が男性よりポジティブ感情が高い」という傾向があることに違和感を覚えるひとがいるかもしれません。男女の社会的格差を示すジェンダーギャップ指数で日本は世界最底辺の110位で、家庭でも会社でも性役割分業があらゆるところに埋め込まれた「男性優位社会」だと批判されています。

それにもかかわらず女性の方が人生を幸福だと感じているとすれば、「男尊女卑の伝統が日本女性を幸福にしたのだ」と保守派は喜ぶかもしれません。

しかし、この主張には証拠（エビデンス）がありません。日本よりはるかに男女平等が進んだ北欧でも同様の結果が出ているからです。「女性の方が幸福度が高い」というのは歴史や文化にかかわらずどうやら世界共通のようなのです。

しかしそうなると、「例外」にはなんらかの説明が必要になります。ひとつは大卒の壮年男性（2位）と壮年女性（3位）の順位で、本来ならこれは逆にならなくてはなりません。

それより目を引くのは、若年大卒男性（4位）のポジティブ感情がずいぶん低いことです。本来であれば、彼らは若年大卒女性（1位）の次にランクされなくてはならないはずです。

社会調査では若年大卒男性のポジティブ感情が低い理由まではわかりませんが、吉川さんは、この層のほぼ半数が未婚で、子どもの数も0・84人と他のグループと比べてもっとも少ないことに言及しています。「若年層」といっても彼らの6割はすでに30歳を過ぎているのです。

壮年大卒男性は日本社会の中核

では次に、それぞれのグループをより詳細に見ていきましょう。

図表11と12はSSP2015をもとに吉川さんが作成したもので、ポジティブ感情の4

項目を平均値50、標準偏差10で得点に変換しています。4項目を結んだ四角形の図の面積が大きいほどポジティブ感情が高く、面積が小さいほどポジティブ感情が低いことになります。

図表11でもっともポジティブ感情の高い「若年大卒女性（1位）」はすべての項目が平均値（50）を超えており、とりわけ生活満足度と幸福感が高くなっています。

それに対して「壮年大卒女性（3位）」になると、上層意識は高くなるものの、他の3つの項目は全体に平均値付近まで縮小しています。

ここで注意しなければならないのは、ポジティブ感情の変化を年齢によって説明できるわけではないことです。ここから、「大卒女性が年をとると主観的自由、生活満足感、幸福感が下がる」という因果関係があるかどうかはわかりません。平成生まれ（若年層）と昭和生まれ（壮年層）で、もともとそれぞれの項目への感じ方がちがうかもしれないからです。——これを知るためには、同じ時期に生まれたグループを長期にわたって観察するコーホート分析が必要になります。

次に若年大卒男性（4位）ですが、同じ年齢層の大卒女性（1位）と比べると主観的自

図表11 大卒グループのポジティブ感情

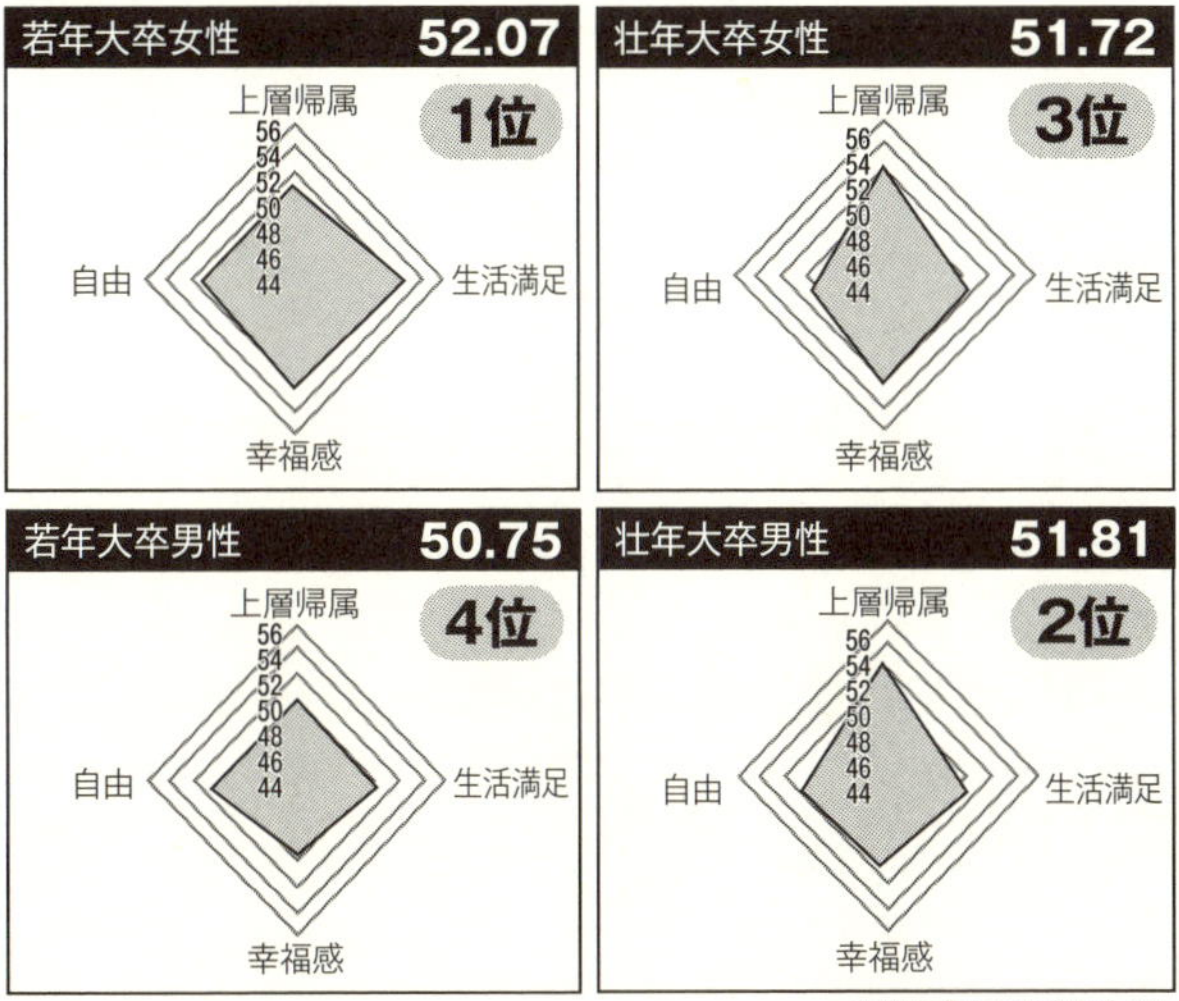

吉川徹『日本の分断』より

由と上層意識はそれほど変わらないものの、生活満足度と幸福感が低いことで大きく差をつけられています。

壮年大卒男性（2位）は、上層意識がきわめて高いことでランクを上げていますが、若年大卒男性と比べて主観的自由、生活満足度、幸福感はほとんど変わりません。これまで述べてきたように、日本社会の中核を形成しているのは「日本人・男性・中高年・大卒・正社員」という属性を持つひとたちです。大卒壮年男性というのはまさにこの層に当てはまりますから、彼らの上層帰属意識が高いのも当然といえるでしょう。

「ほとんどポジティブなもののない」ひとたち

では次に、非大卒（高卒・高校中退）のグループを見てみましょう（図表12）。若年非大卒女性（5位）は軽学歴のなかでもっともポジティブ感情が高いのですが、それは生活満足度と幸福感が平均を上回っているからで、主観的自由と上層意識の（かなりの）低さを補っています。

これが壮年非大卒女性（7位）になると、生活満足度と幸福感も平均以下になって、四角形の面積はかなり縮小してしまいます。

若年非大卒男性（6位）の特徴のひとつは、主観的自由は高いものの上層意識が極端に低いことで、生活満足度や幸福度も平均以下と、同年代の非大卒女性よりずっと低くなっています。

より衝撃的なのは壮年非大卒男性（8位）で、**若者にはあった主観的自由の得点まで大きく下がり、ほとんど「ポジティブなもの」がなくなってしまいます。**

図表12 非大卒グループのポジティブ感情

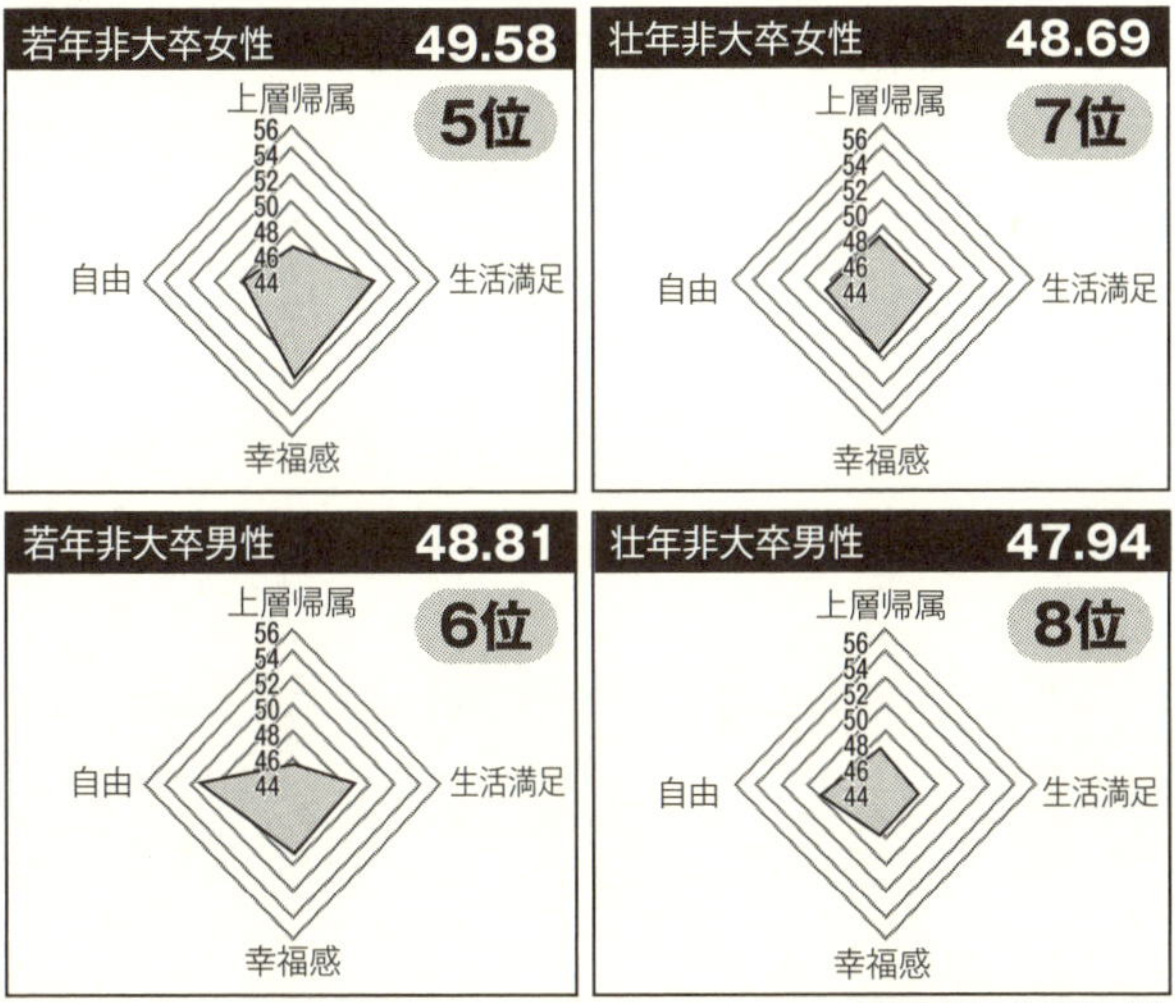

吉川徹『日本の分断』より

社会学者の橋本健二さんは『アンダークラス　新たな下層階級の出現』（ちくま新書）で、２０１５年のＳＳＭのデータと２０１６年の首都圏調査データにもとづいて、「59歳以下の男性アンダークラス」を描いています。

彼らの７割超が高卒以下の学歴で、未婚率が66・４％ときわだって高く、40代以下の大半は「生涯未婚」になると推定されます。個人の年収は２１３万円と少なく、世帯収入も３８４万円しかなく、貧困率は28・６％で、預貯金・株式などがまったくない世帯の比率は42・５％にのぼっています。

仕事の内容に満足しているひとは18・4％で、仕事による収入に満足している割合にいたってはわずか5・9％しかありません。生活に満足しているひとの比率も13・8％に過ぎず、自分が日本社会のなかで「下」に位置すると考える（「下流」意識を持つ）比率は55％と半数を超えます。――これをまとめると、「実態の上でも意識の上でも、日本人男性の最下層を占める人々ということができる」と述べられています。

これが、大規模な社会調査から明らかになった現代日本社会における「上級／下級」の分断です。

大阪フリーター調査

フリーターやニートが「怠けている」「自覚がない」などとバッシングされていた2000年代初頭、関西の社会学者らを中心に、その実態を知るべく「大阪フリーター調査」が行なわれました。この調査を主導したのは部落解放・人権研究所で、『排除される若者たち　フリーターと不平等の再生産』（解放出版社）としてまとめられています。インタビューに応じたフリーター状況にある若者のなかには被差別部落出身者が多いものの、

「進学者だけでなく就職者や無業者が比較的多く出ている」大阪府立高校（進路多様校）からも生徒・卒業生を紹介してもらっています。

２００３年春から初夏にかけて話を聞いた若者たちの年齢は15～24歳、性別は男女20名ずつで、最終学歴（在学中も含む）は中卒が７名、高校中退が５名（うち定時制１名）、定時制および通信制高校在学中が４名、高卒が19名（うち定時制２名）、高卒後専門学校中退が１名、高卒後専門学校卒が１名、短大卒が２名、大卒が１名となっています。「フリーター研究の動向と本書の意義」（序章）で内田龍史・久保由子両氏が指摘していますが、大阪の部落の15～34歳の若年失業率（２００１年）は９・１％と大阪府平均の７・６％より高く、とりわけ15～19歳の失業率は男が31・３％、女が20・６％で、高校に通っていない男子の３人に１人、女子の５人に１人に職がありませんでした。

部落の若者の高い失業率の一因として考えられるのが低学歴傾向で、最終学歴が中卒以下の者が20～24歳で18・２％（大阪府７・１％）、25～29歳で20・７％（同６・６％）、30～34歳で24・４％（同６・９％）となっています。

インタビューのなかで、結婚差別を受けたり、直接面と向かって差別発言をされたという体験が語られてはいるものの、「部落出身であることが、進路選択に影響を与えたと語られる事例は少ない」とされています。

実際、部落出身者であるかどうかにかかわらず、若者たちの語りはとてもよく似ています。彼ら／彼女たちは「ホカチュウ」と呼ばれる他の中学の友だちとも積極的に交遊しており、そこに「部落出身」という意識は見られません。筆者たちが指摘するように、ここに登場するのはごくふつうの若者たちで、「ムラ」（多くの部落出身者は自分が居住する部落をこう呼びます）のネットワークによって、通常は大人が関係をつくることが難しい「軽学歴フリーター」へのインタビューが可能になったと考えるべきでしょう。

若者が「遊びの世界」に入る理由

「遊びと不平等の再生産」（第3章）で社会学者の西田芳正さんは、「親によるコントロールの機能不全」について述べています。

家庭について訊くと、「勉強ってあんまり言われへんかった」「しつけ？　あまり言われない。覚えていない」という言葉が返ってくることから、西田さんは当初、親によるコントロールの欠如＝放任主義が若者たちを「遊び」の世界に向かわせるのではないかと考えていました。ところが、地域の親や若者たちの状況をよく知る女性から指摘を受けて、こうした解釈は修正を迫られることになります。

地域の世話役的なその女性は、西田さんにこう説明します。

(「あの親もこの親も」という形で対象者となった家庭を例示して）みんな「うるさい」ていうか、「やいやい」言う親やねんで。聞いてないねんやん、子ども達が。で、守らへんもん、家庭のルールなんて守らへんし。お母ちゃんの言うことなんか全然聞いてないもん。（略）何でそう言うんやっていう説明も親が子どもにしてないから、同じやねん。言っても言っても繰り返しで、別にどうってことないもん。

実際、インタビューのなかでも次のような発言が頻出します（【　】内はインタビュアーの言葉)。

門限とかめっちゃ厳しかったですよ。破りまくっていましたけど。【そうしたら、その度に。】めちゃめちゃ怒られましたね。【闘うというよりは、黙って聞いとくって感じ。】そんな感じですね。何言っても怒られるんで。ひたすら終わるまでじっと、すみませんみたいな感じでしたね。（19歳・女性・高卒）

最初のうちはだから「学校（高校）行けー」とかは言うてきましたけど、ね、やっぱり女の子じゃないんで。あのー、父親もね、もともと大阪の方の育ちだから、まぁ悪さをしてきた人間やから、まぁ「お前は好きなようにせぇ」と。（20歳・男性・中卒）

親の多くは高卒以下の学歴で、自分たちが苦労してきたことから、子どもたちに強く説教し（場合によっては体罰を加え）学校に行かせようとしますが、それでも「遊び」の世界に入っていくのを止めることができないのです。

これを受けて西田さんは、「家庭の貧困や勉強できないことへの不満が「遊び」の世界に入る際に大きな契機とはなっていないのではないか」と、貧困や学校教育に原因を求める「通説」に疑問を呈します。

若者たちは、中卒や高校中退の学歴が将来不利になることを親や教師からさんざん聞かされながらも、自らの「意思」でドロップアウトしていきます。「その背景には、経済成長と福祉政策によって貧困層にもある程度の生活水準、豊かさが享受されていることが条件となっているのではないだろうか」と西田さんは述べています。

専業主婦願望と早婚傾向

「ジェンダー・就労・再生産」（第2章）では、内田龍史さんが女性フリーターへのインタビューを報告しています。

彼女たちに特徴的なのは専業主婦志向で、19名中7名は将来的に専業主婦になることを希望、3名は結婚時もしくは子どもが生まれる際にいったん離職し、結婚後しばらくしてからパートなどで働きたいと述べ、結婚後も働きたいと答えた者は3名（うち正社員志向は1名）でした（残り6名は態度不明）。

この調査では若者たちの言葉を編集せずにそのまま書き起こしていて、これまでほとんど知ることのなかった女性フリーターの肉声が伝わる貴重な記録になっています。そこで本書でも、彼女たちの人生観を自らの言葉で語ってもらうことにします。

【(高校の時、卒業後は)バイトでいいと思っていたのね?】バイトでいいと思っていたし、何年も働かんわ、2年ぐらいしたら結婚していると思ってて…相手もおらんのにそう思っていて。【…どういう人生になるかなという話だけれども、やはり、結婚して専業主婦という感じだったの?】そういうのを描いていた。だから、卒業して2年ぐらいは適当にバイトをして、2年ぐらいたったら結婚して専業主婦になってと思ってた…【中学校ぐらいにもうこういうイメージはあったの?】中学校のときにもそれなりに結婚願望はあった。【そういうときに、バリバリ働き続ける妻というのは…。】ない。全くない。【全くない?】ない。【今もない?】ない。(20歳・高卒)

【結婚願望みたいなんは強い?】…あんまり働くこととか言ったら好きじゃないじゃ

ないですか。専業主婦はいいなぁとか思いますけどね。【いずれ結婚したら、専業主婦みたいな形で、家事とか育児とかに専念みたいな感じがいいんかな?】うん。(19歳・高卒)

彼女たちのもうひとつの特徴が早婚傾向です。多くが「年をとったお母さんにはなりたくない」と考えており、次のような語りがその典型です。

【(専業主婦に)なるかなという話を友達同士で頻繁にしていたんですか?】してた…仲がよかった子が、みんなといっていいぐらいに結婚しているか、それか彼氏と同棲している…【仕事がないというより、結婚できないという方の焦りが…】ある。周りがみんなしているのもあるけれども、今、男がおらんのもあるし、男がおっても長続きしないし、だから余計に焦る…【同年代で知っている人はだいたい専業主婦志望?】うん。【私は働いていくとか、夫に食わしてもらうなんて嫌よとかはいないの?】いない。一人もいない…【最初の子どもを産む平均年齢が28だからね。だから

全然遅くないよ。】へえ。28といったら高齢出産になるんじゃないかな…（20歳・高卒）

未婚のまま出産し母子家庭に

そんな彼女たちの理想の結婚相手は「たくましい男性」で、収入が不安定なフリーターはもちろん、収入が安定しているサラリーマンや公務員などもまったく人気がありません。

サラリーマンとかは嫌や。【何で？】リストラとか嫌や…肉体労働をしている人のほうが好き。男らしいし。【好き！】…でも、何か男らしいやん…大工さんとか。（20歳・高卒）

サラリーマンとか営業マンはあんましな。【嫌？…】うん。嫌やけど。【…工場とかで働いている人は？】も、嫌。【どういう人がいい？】土木関係とかかな。（20歳・高校中退）

【現場で実際に汗流している人のほうがいい?】うん。【土方とか?】土方とか、そういう系が好き。やってる人が。【それは、どのへんが魅力なのかしら?】…たくましい。(略)【どうなんかな、ムラ中でネクタイしめてる人とかあんまり見いへんのかな?】うん…医者は嫌。【何で? 何かイメージ悪いん?】何か、嫌。【診療所の医者がいやとか、治療で痛い目にあわされたとか?】違う。【何で? 白い服着てるから?】【えらそうにしてるとこかな?】何か、嫌。(20歳・定時制高校中退)

内田さんはこれについて「身近な職業モデルの限定性」を指摘します。それもあるでしょうが、「男らしさ」への好みには個人差があり、仮に身近に事務職の男性がいたとしても彼女たちの多くは魅力を感じないのではないでしょうか。

もうひとつ、彼女たちに共通するのは性的に早熟なことです。たとえば高校1年の女子生徒(15歳)は、両親も異性関係を知っているとしてこう語ります。

【お父さんは例えばどんなふうな話をしてくるのかな…学校とか仕事とか、結婚とか】別に付き合っても…今の子やったら普通にやるやん…やるやん、普通に…身体、するやん。それでも妊娠できへんかったら別にやったらいいんちゃうんみたいな。妊娠できへんようにするんやったら別になんも言えへん…【彼氏との話が親にいって親がそんな話をする】付き合ってんのはいつかばれるやん。それで、「別に付き合っても子どもできんようにしぃや」みたいな。（15歳・定時制高校在学）

話を聞いたなかには、高校生のときに未婚のまま出産した女性もいます。

16のときかな。友達の紹介で付き合った子がおって、ほんでその付き合った子の子どもをお腹にはらんでしまって、まぁ産む前に別れたんやけど。んで産んだと。17の5月くらいかなぁ。5月に子ども産んだと。だから子どもも別になんていうんかなぁ、ノリで産んだみたいな感じがあって。まわりの子らが産んでるから産みたいみたいなノリがあって。（20歳・高校中退）

さまざまな調査が示すように、高学歴の女性ほど長く働きたいと考え、結婚後も子育てしながら共働きを目指します。それに対して高卒・高校中退の彼女たちは「ガテン系」のたくましい男性と20代前半で（あるいは10代のうちに）結婚し、専業主婦になることを夢見ています。

現実にはそのような人生プランが実現することは少なく、多くは離婚して母子家庭の生活を余儀なくされることになります。これでは「経済格差」はますます開いていくばかりでしょう。

教育の本質は「格差拡大装置」

「本当に不利な立場に置かれた若者たち」（第1章）では妻木進吾さんが、フリーターになった若者たちが進学しなかった理由をインタビューしています。大学や専門学校に行かなかったことについて、「進学を希望したが経済的に余裕がなかった」とこたえる者もいますが、多くは学校に魅力がないからです。

それに対して高校に行かなかったり、中退する理由の多くは「授業がわからない」からです。次の生徒は小学校3年生の段階で授業内容が「意味わからへん」になっていますが、聞き取りを行なった困難層のなかでは「特別早いものではない」とされています。

【小学校は楽しかったですか?】全然楽しくない。勉強がまず嫌いやった。…(嫌いな教科は)漢字とか国語とか。【いつぐらいから嫌いに?】…もう入って、意味分かれへんかったから。【小学校に入ると字書くようなるよね? その時からもうちょっと辛い?】ムカついてた。…【授業中とかどうしてたん?】寝たりボーっとしたり、そんなマジメにせーへんかった。…【先生(が)嫌とかありました?】嫌いやった。【それは何でかな?】寝たら起こされるとか。(略)【…中学校に上がったらより一層勉強わけ分からん?】もう、分からへん。【中学校はどうしてたん?】1年の時はだいたい行ってたけど、2年からはもう行けへんくなった。…行くのがダルくなってきて(笑)。3年はほとんど全く行ってない。(16歳・男性・高校中退)

元高校教諭・青砥恭《あおとやすし》さんの『ドキュメント高校中退　いま、貧困がうまれる場所』（ちくま新書）によれば、少子化で多くの底辺高校は定員割れになっており、中学からの成績がオール1で、不登校の記録に300日あっても合格するといいます。LD（学習障害）のまま放置されて入学してきた生徒も少なくなく、受け入れる側の高校では「養護学校で適切な教育を受けた方が彼らを救えるかもしれない」と述べる教師もいます。

ここからわかるのは、「すべての子どもが努力して勉強し、大学を目指すべきだ」という現在の教育制度が、学校や勉強に適応できない子どもたちを苦しめているという現実です。授業の内容がまったく理解できずに中学3年間を過ごせば、同じことを高校で3年やっても意味がないと思うでしょうし、ましてや大学や専門学校に進学しようなどとは考えないでしょう。

あまりにも有名な一節ですが、福沢諭吉は『学問のすすめ』でこう書きました。

人は生まれながらにして貴賤・貧富の別なし。ただ学問を勤めて物事をよく知る者は貴人となり富人となり、無学なる者は貧人となり下人となるなり。

これは一般には、「学問に勤めれば成功できる」という意味だと解釈されています。だが逆に言えば、「「貧人」「下人」なのは学ばなかった者の自己責任」ということになるでしょう。

教育の本質は「上級／下級」に社会を分断する「格差拡大装置」であることを、福沢諭吉は正しく理解していたのです。

4 「モテ」と「非モテ」の進化論

大規模な社会調査で明らかになったのは、現代日本社会は「大卒／非大卒」の学歴によって分断されており、もっともポジティブ感情（幸福度）が低いのは高卒・高校中退の非大卒の壮年男性であり、次に低いのは非大卒の壮年女性ですが、非大卒の男性の若者も、主観的自由の意識を除けばポジティブ感情がきわめて低いという現実でした。

それと同時に、（ポジティブ感情が高いはずの）大卒グループのなかで、若い男性の幸福度がもっとも低いという奇妙な事実も明らかになりました。

なぜ男の幸福度はこんなに低いのか。ここでは、「上級国民／下級国民」を考察するうえで避けて通れないこの問題を突っ込んで考えてみたいと思います。

ちなみに、このテーマにはすでに名前がつけられています。それが「モテ／非モテ」です。

女は男より幸福度が高い

SSP（階層と社会意識全国調査）2015で、「あなたはどの程度幸せですか？」の質問に「幸福」と答えたのは男性67・8％、女性74・0％です。「生活全般にどの程度満足していますか？」の質問に「とても満足」「やや満足」と肯定的に答えたのは男性67・0％、女性74・1％でした。

現代日本では3人のうち2人超が自分は「幸福で生活に満足」と思っています。これは、「日本社会はどんどん劣化し、日本人はますます不幸になっている」という一部の「知識人」の悲観論への強力な反証になるでしょう。現代日本社会は、歴史的にも世界のなかでも「全般的には」とてもうまくいっているのです。

ところでこの質問からも、日本の女性は男性より6・2ポイント多く自分を「幸福」だと思い、7・1ポイント多くいまの生活に「満足」しています。これはけっして小さくない差です。

男は女より「不安定性」が大きい

その理由を知るのに参考になるのは、社会学者の吉川徹さんが「現在志向」「競争不安」「喪失不安」という3つの項目をグループ別に整理したチャートです。

①**現在志向**　将来のために節約・努力するよりも、今の自分の人生を楽しむようにしている

②**競争不安**　まごまごしていると、他人に追い越されそうな不安を感じる

③**喪失不安**　うかうかしていると、自分がこれまで獲得したものを失ってしまいそうな不安を難じる

この3つを合わせて、吉川さんは「不安定性」としています。「現在志向」は将来のための節約・努力を放棄しますから、将来を不安定にするのです。

日本人の不安定性を「男／女」「若年／壮年」「大卒／非大卒」でグループ分けしたのが図表13です。

三角形の大きな方が「不安定」になりますが、ひと目見てわかるように、明らかに女性より男性の方が自分の人生や将来展望に大きな不安を感じています。男性のなかでもっとも不安定性が低いのは「壮年大卒男性」（日本社会の中核を形成する〝おっさん〟）ですが、それでも女性のなかでもっとも不安定性の高い「若年非大卒女性」とあまり変わりません。

「壮年よりも若者の方が、大卒よりも非大卒の方が不安定が高い」という傾向もはっきりしています。これは年をとるほど人生の選択肢がなくなってくる（先が見えてくる）からであり、大卒の方が非大卒より安定した仕事につきやすいからだと考えれば理解できるでしょう。

本来ならもっと幸福度の高いはずの「若年大卒男性」がポジティブ感情を持てない理由も、その一端は同じ年齢層の大卒女性と比べてかなり高い「不安定性」にありそうです。

図表13 現代日本人の「不安定性」

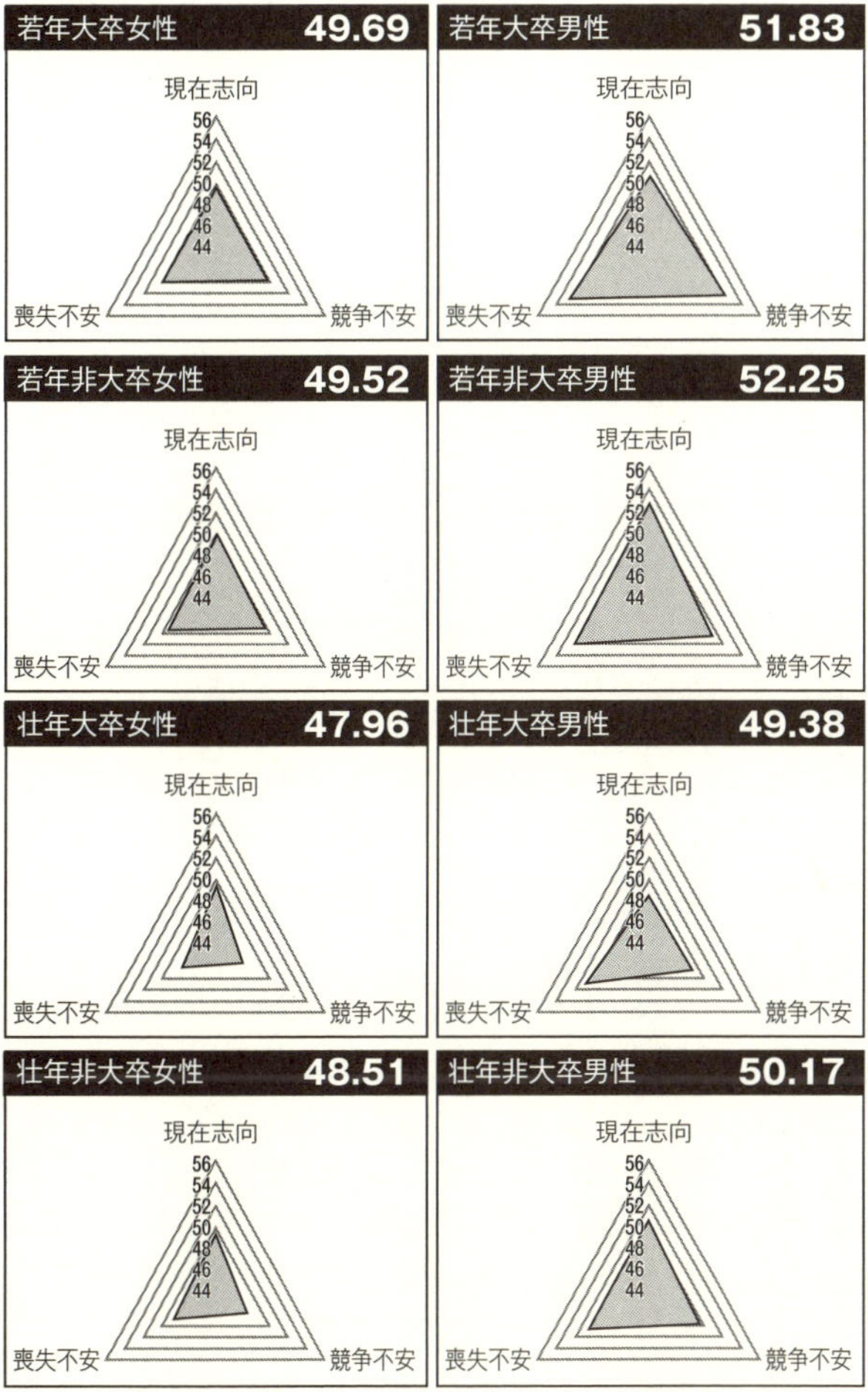

吉川徹『日本の分断』より

男と女では「モテ」の仕組みがちがう

「女性は男性より幸福度が高い」というのは、フェミニストにとってよろこばしいことのはずですが、この事実はこれまでずっと無視されてきました。これには理由があって、「幸福なんだからいまのままで（女性が差別されたままで）いいだろう」という男尊女卑の肯定になりかねないからです。

社会的地位が低いにもかかわらず女性の幸福度が高いという「パラドクス」には、（私の知るかぎり）いまだに決定的な説明はありません。そこでここでは、暫定的な仮説を述べてみます。それは、「男と女では「モテ」の仕組みがちがう」というものです。

進化心理学の標準的な理論では、男は繁殖のためのコストがきわめて低く、女はそのコストがきわめて高いと考えます。当然のことながら、費用対効果が異なれば、それに最適化された戦略にも大きなちがいが生じるでしょう。

男は精子をつくるのにほとんどコストがかからないため、自分の遺伝子を後世により多く残すのに最適な性戦略は、「（妊娠可能な）女がいたら片っ端からセックスする」になります。ユーラシア大陸の大半を征服して巨大なハーレムをつくったチンギス・ハンのように、とてつもない権力を持つ男はとてつもない数の子孫を残すことができます。モンゴル人のじつに4人に1人がチンギス・ハンの「直系の子孫」で、世界の男性（約37億人）の0・5％、すなわち1850万人が〝蒼き狼〟と男系でつながっているとの研究もあります（太田博樹『遺伝人類学入門　チンギス・ハンのDNAは何を語るか』ちくま新書）。

それに対して女は、いったん妊娠すれば出産まで9カ月かかり、生まれた赤ちゃんは一人では生きていけませんから1～2年の授乳期間が必要になります。この制約によって、生殖可能年齢のあいだに産める子どもの数には限界があるし、出産後も男（夫）からの支援がないと母子ともども生きていけなくなってしまいます。もっとも重要な「支援」は安全の確保で、次いで旧石器時代を含む人類史の大半では動物の肉などの食料、農耕社会以降は穀物や金銭になりました。女性にとっての最適な性戦略は、長期的な関係を築ける男性を選び、そこから最大限の「支援＝資源」を手に入れることなのです。

進化論的には、**「愛の不条理」とは、男の「乱交」と女の「選り好み」の利害（性戦略）が対立すること。**――こうした説明を不愉快に感じるひとはたくさんいるでしょうが、これについては進化心理学者が膨大なエビデンス（証拠）を積み上げています。

若い女性の「エロス資本」

女性は思春期になると急速に「女らしい」体型に変わっていき、男たちの熱い注目を集めます。若い女性の「エロス」はきわめて高い価値を持つので、アイドルやモデル、グラドル、レースクイーンからキャバクラなどの風俗、ＡＶ（アダルトビデオ）女優まで、さまざまなビジネスと結びついています。

経済学では、働いてお金を稼ぐことを「人的資本（ヒューマン・キャピタル）」で説明します。「金融資本（フィナンシャル・キャピタル＝お金）」を金融市場に投資して、株や債券、ＦＸ（外貨証拠金取引）、ビットコインなどで利益を得ようとするのと同様に、私たちは人的資本を労働市場に投資して（働くことで）富を得ているのです。

イギリスの社会学者キャサリン・ハキムは、ここから、**若い女性は大きな「エロス資本（エロティック・キャピタル）」を持っており、それを資本市場でマネタイズ（換金）しているのだと考えました**（『エロティック・キャピタル　すべてが手に入る自分磨き』共同通信社）。

ところが性に対してきわめて抑圧的な西欧の文化はこのことを認めず、稀少な「エロス」を男に対して無料で提供するよう女性に強要します。世の中には「エロス」以外の資本をほとんど持っていない若い女性が（かなりたくさん）いますが、売春などの風俗を非合法にして「エロス資本」の活用を禁じることは「搾取」以外のなにものでもなく、売春に反対する一部のフェミニストは「男性支配」を擁護しているのと同じだ、とハキムは強く批判します。

女性のエロス資本は年齢によって大きく変動し、10代後半からの10年間で最大になって、それから徐々に減っていき、35歳を過ぎるとほぼ消失します。――わざわざいわなくても当の女性がよく知っているでしょうが。かつてのブルセラやJKリフレから近年の「パパ活」「ギャラ飲み」まで、どれほど禁止しても手を変え品を変え「エロス資本のマネタイズ」の珍奇な手法が登場するのは、それが「期間限定」であることが強く意識されているからでしょう。

大きな金融資本を持っている富裕層や、大きな人的資本から高い報酬を得ているエリート・ビジネスパーソンは、金融資本や人的資本を持たないひとたちに比べて幸福度が高いでしょう。そのように考えれば、大きなエロス資本を持つ若い女性が、エロス資本を持たない（あるいはほんのすこししかない）若い男性に比べて幸福度が高くても不思議はありません。

「恋バナ」はなんのためか？

稀少なエロス資本を持つことで若い女性の幸福度（ポジティブ感情）が高くなっているとすれば、その「資本」は年齢とともに減っていくのですから、壮年になると全体としてポジティブ感情が低くなることも説明できます。

しかし、それでも疑問は残ります。エロス資本を失ったとしても、壮年女性は壮年男性より不安定性が低く、ポジティブ感情も高いからです。——大卒ではこれは逆転しますが、幸福感では壮年女性が壮年男性より高くなっています。

これも暫定的な仮説ですが、私はこの理由を、**女性の方が「つながり」をつくるのが上手だからではないか**と考えています。それに対して男性は孤独になりやすく、年をとると友だちもいなくなって孤立してしまいがちです。

このことも、「男女の性戦略の非対称性」から説明できます。

サルや類人猿では、一夫多妻（ゴリラ）や乱婚（チンパンジー）の種はオスの権力闘争がはげしくなり、明確なヒエラルキーが形成されます。動物園のサル山に行けば、素人でもどれがボスザル（アルファオス）か見分けることができるでしょう。

それに対してメスのヒエラルキーはきわめて判別しにくく、チンパンジーのメスにはオスのような階級はないとされてきました。それが最近になって、飼育環境下や野生のチンパンジーの詳細な観察によって、グルーミング（毛づくろい）の順位などからメスにもアルファがおり、ゆるやかな階層がつくられていることが判明しました。

このことはヒトの集団にも当てはまります。

ファミレスなどに男子高校生の集団がいると、そのなかで誰がリーダーかはすぐにわかります。それに対して女子は、ファッションのちがいなどでいくつかのグループができているものの、そのなかからリーダーを見分けるのは困難でしょう。

これは進化論的には、女は男よりパートナー獲得競争がはげしくないことと、男から身を守るために女同士のネットワークを発達させる必要があったことで説明できます。

「乱交」を求める男にとって女とより多くセックスするもっとも効果的な戦略は、「純愛」を提供することではなく（これだと1人の女としかつき合えない）、「純愛」の空約束《から》を振りまくことです。これが（誰もが思い当たる）男の「欺瞞《ぎまん》戦略」で、サピエンスは何十万年もこんなことをやってきました。

しかしこれでは女は踏んだり蹴ったりなので、男の空約束に対抗する武器を手に入れたはずです。そのひとつが「噂話」で、女集団のなかで「どいつが外面だけのチャラ男か」「イカサマ男はどんな手口を使うのか」の情報交換をすることはものすごく役に立ったのでしょう。――これは現代日本では「恋バナ」と呼ばれています。

これはかなり説得力のある説ですが、女同士の「つながり」をつくるのには、じつはもっと強力な理由があります。それは安全の確保です。

女性にとっての「最大の脅威」

旧石器時代からつい最近まで、人類の歴史に「#MeeToo」運動などありませんでした。

新興国では（残念なことに）いまだにそうですが、女性にとって最大の「脅威」が男の暴力であることは間違いありません。「乱交」戦略の男からすれば、「欺瞞」によって女を口説くような面倒なことをするよりも、暴力でセックスを強要した方がずっと手っ取り早いのですから。

こうして人間社会では、男の性暴力を抑制するためのさまざまな社会的な仕組みがつくられてきました。他の男の妻に乱暴するときびしい制裁の対象になります（被害者である女性もいっしょに殺されたりしました）。娘や妹に乱暴した男は、父親や兄に金銭的な賠償をしたうえで、妻として迎えなければならない社会もあります。インドの農村部ではいまもこうした悪習が残っていますが、歴史的には女性はずっとイエ（男）の所有物だったのです。

これらはどれも理不尽な文化ですが、その目的は男の性的欲望を管理し、社会（共同体）に秩序をつくるためでした。しかし、男の暴力がこれほどまで危険なら、女の側でもなんらかの防衛機構をつくったはずです。

それが「女集団のつながり」で、一人ひとりでは体力的に男に対抗できないので、共感能力を発達させ、グループ内の女性への暴力を全員で抑え込もうとしたのです。

チンパンジーの集団では、オスに暴力をふるわれそうになったメスは大声で窮状を訴えます。すると近くにいたメスがいっせいに非難の声をあげ、オスはすごすごと退散していきます。

チンパンジーのメスがオスの暴力を抑制するこのような仕組みをつくったとするならば、それが同じ進化の系統にあるヒトに備わっていたとしても不思議はないでしょう。

「持てる」ことと「モテる」こと

現代の進化論は、「男女の性戦略の対立から、人間社会は一夫多妻にちかい一夫一妻になった」と考えます。甲斐性（経済力）があれば何人もの女性を妻（愛人）にできますが、甲斐性がなければせいぜい1人です。そして男女の数が同数なら（実際には多くの地域で男の方が多い）、小学生でもわかる単純な計算によって、生涯を独身で終える男が大量に生まれることになります。

男が「階級」を過剰に気にするのは、それが「モテ」に直結するからです。

あらゆる調査が明らかにしているように、女がモテる最大の要素は「若さ」で、男の場合は「カネと権力」すなわち共同体内での地位です。

そのため男は、グループ内で自分を目立たせるはげしい競争をするように進化してきました。自分の資質や資源を誇示できない男は、どれほど「いいひと」でも女性から性愛の対象とは見なされないのです。

それと同時に、男は集団同士で競い合うようにも進化しました。チンパンジーは、他の集団と遭遇するとオスと(授乳中の)幼児を皆殺しにし、メスを自分たちの集団に加えます。こうした集団間の暴力がヒトの本性にも埋め込まれているとしたら、もっとも重要なのは、ほかよりも強い集団をつくることです。弱い集団のなかで目立つことに成功したとしても、より強い集団から襲われれば元も子もないのですから。

こうして男は、集団のなかで自分をいちばん目立たせる(下剋上)と同時に、自分の属する集団をナンバーワンにする(天下統一)という複雑なゲームをするようになりました。どのような集団でもリーダーは1人しかいませんから、それ以外のメンバーは服従するか、グループから出て行くしかありません。グループ内の競争の結果生まれる支配─服従の関係が男社会のヒエラルキーです。

このように**男の性淘汰では、「持てる者」になる（高い階級に達する）ことと、女性に「モテる」ことが一致します。**「持たざる者（カネも権力もない者）」は「モテない男」でもあるのです。

私の考えでは、「男同士の友情」が若いときにしか成立しないのは、集団を防衛し、他の集団を叩きつぶすための進化の適応です。もっとも強力な「戦闘力」である若い男が「男同士の（友情の）絆」で結ばれておらず、女をめぐって集団内でいがみ合っていれば、他の集団からの攻撃にひとたまりもありません。

ゲイ（男性同性愛者）を極端に嫌うホモフォビアは、同性愛が「男同士の絆」を混乱させるからでしょう。女の性愛を獲得するよう男が「設計」されているとすればミソジニー（女嫌い）は異常心理ですが、これも「男同士の絆」に不用意に女が紛れ込んでくることを防ぐ心理的規制として理解できます。

不良やヤクザでは愛人を堂々と連れ歩けるのはリーダー（親分）だけです。それ以外の構成員は、集団の目の届かないところでこっそり女性とつき合うしかありません（下っ端の暴力団組員が彼女といっしょに組事務所を訪れるなど考えられません)。思春期以降の男は性愛(セックス)にとらわれています。軍隊から体育会系まで、そんな男だけで高度な戦闘集団をつくろうとすれば女を排除する以外にないのです。

しかしやがて、男集団内の階層がはっきりしてくると、女の「分配」に大きな偏りが生じるようになって「友情」は失われていきます。**一定の年齢を過ぎると「男同士の絆」はほどけ、男は「友だち」をつくれなくなる**のです。

女性は「階層」を気にしない?

男女の性戦略の非対称性によって、男は「持てる＝モテる」と「持たない＝モテない」が一致しますが、女の場合は、社会的・経済的な成功とモテることには関係がありません。「バリキャリでもモテるし、ニートでもモテる」(あるいはその逆)ということです。

恋愛小説(マンガ、映画)の定番は、不器用で自分の魅力に気づいていない「若い」女性主人公が、医師・弁護士・エリートビジネスマンなど高い社会的地位にありながら、過去のつらい体験(交通事故で愛する妻子を失ったとか)によって孤独に生きている男と出会い、紆余曲折がありながらも最後は恋に落ちる、というものです。この場合、女性主人公は働いていてもいなくてもかまわないし、エリートの女性より「自分さがし」をしながら近所のカフェでアルバイトしている方が人気があったりします。

「男女の恋愛の非対称性」は、この設定を逆にしてみるとよくわかるでしょう。

イケメンではあるものの30歳を過ぎてもしがないフリーターで、実家にパラサイトしている男性主人公が、ある日、バリキャリの女性と出会って……。最近はこんな設定でも物語が成立するかもしれませんが、ほとんどの女性は「カネも権力もないダメ男」に魅力を感じないのではないでしょうか。

人類が生きてきたのは「ゆるやかな一夫多妻」の社会で、近代以降に成立した一夫一妻というのはものすごく特殊な文化です。

一夫多妻では、なんらかのルールにもとづいて複数の女性が一人の男（権力者）を共有することになります。もちろんそこでも競争（足の引っ張り合い）はあるでしょうが、それは男集団のような明確なヒエラルキーをつくるようなものにはなりません。自分の子どもを守り育てるには、競争するより女同士で協調した方が有利なのです。

これが、男性とちがって、**女性は「階層帰属意識」が低くても、それが生活満足度や幸福感の低下に直結しない理由**ではないでしょうか。

このことは「若年非大卒」の男女を比較するとはっきりわかります。高卒・高校中退の若い男性は、上層意識がきわめて低く、それにともなって生活満足度と幸福感も低くなっていますが、同じ学歴の若い女性は、階層帰属意識と幸福感のあいだにこうした関係は見られません。

なぜ女子学生の方が留学するのか?

旧石器時代の狩猟採集生活では、ヒトは100~150人程度の親族集団で暮らしていたと考えられています。しかしこのままでは、近親婚による有害な遺伝的変異が避けられないため、なんらかの方法で集団内に「新しい血(DNA)」を入れなくてはなりません。

文化人類学を創始したレヴィ・ストロースは、さまざまな伝統的社会を調査し、そこに「近親婚の禁忌」と「女の交換」が共通して見られることを発見しました。近親婚を避けるためには、男か女かのいずれかを集団同士で「交換」するほかありません。このとき、集団の防衛に必要な若い男が残るように進化したと考えれば、なぜ「女の交換」が普遍的なのか理解できます。

じつは、チンパンジーとともに人類にもっとも近い霊長類であるボノボが、このやり方で近親婚を回避しています。

ボノボのメスは、思春期を迎えると「冒険的」になって、慣れ親しんだグループ内のオスではなく、他の集団のオスに興味を持つようになります。異なるグループに遭遇するとメスが他の集団に移っていったり、思春期のメスがふらりと群れを離れ、たまたま出会った別の群れに加わったりするのです。

日本では若者の「内向き」志向が問題になっていますが、それでも女子学生は積極的に留学や海外旅行を楽しんでいます。それに比べて、男子学生はなかなか日本から出ようとしないといわれます。

これはたんなる印象論ではなく、独立行政法人日本学生支援機構の「平成29年度協定等に基づく日本人学生留学状況調査」によると、学生交流に関する協定などで留学した学生は男子が2万5210人（38・2％）に対し女子が4万8448人（61・8％）と大きな開きがありました。

もちろんこの事実だけで、「日本の若者はボノボと同じだ」ということはできません。しかしそれでも、なんらかの方法で近親婚を回避しなくてはならない以上、同じ系統にあるボノボと同じようにサピエンスでも、**思春期になると若い女性が冒険的になるよう進化の過程で「設計」されている**可能性は捨てきれません。

男が集団にとどまり女が集団から出て行くとするならば、男同士の関係はより密になりますが、その一方で「先輩」「後輩」のようなしがらみに苦しむことになるでしょう。軍隊からヤクザ、暴走族まで、男集団では上下関係が絶対になりますが、女集団ではこうした極端な階級意識は見られません。

これは、女集団ではメンバーの移動が頻繁に起こるからではないでしょうか。それまでいっしょにいたメンバーが他の集団に移り、新しいメンバーが加わるとすれば、固定した階級をつくることができず、そのつながりはゆるいものになるでしょう。男から見ると、「女同士はすぐ仲よくなるけど、つき合いが切れるときはあっさりしている」と感じられますが、その背景にはこうした「関係の流動性」がありそうです。

「男女の性戦略の非対称性」の結果、男は年をとると友だちがいなくなり、女はいくつになっても新しい友だち関係をつくることができます。これがとりわけ非大卒層において、壮年女性と壮年男性のポジティブ感情にかなりの開きがある理由になっているというのが私の仮説です。

現代社会は「事実上の一夫多妻」

戦後の日本社会は１９７０年代まで、男性（35〜39歳）の未婚率が10％以下で、「30代になれば誰もが結婚する」のが当たり前でした。ところが80年代になると未婚率は上昇しはじめ、２０１５年には35・０％と、男性の３人に１人が四十手前まで独身です。それにともなって女性の未婚率も上昇しましたが、こちらは23・９％と４人に１人にとどまっています。

50歳時点でいちども結婚したことのないひとの割合が生涯（50歳時）未婚率ですが、これも男性23・４％に対して女性14・１％（２０１５年）とかなりの差があります。

日本人の婚姻率が高かったのは、社会がまだ貧しく「共同生活」を送らないと生きていけなかった時代でした。それが高度経済成長で急速にゆたかになったことで、「結婚しない」「子どもをつくらない」生き方が可能になったのです。

この説明はもちろん間違ってはいませんが、たんなるゆたかさの影響だけなら、男女の未婚率は同じペースで上がっていくはずです。なぜ男の未婚率だけがこれほど高くなるのでしょうか。

男女の数がほぼ同数だとするならば、答えはひとつしかありません。**一部の男が複数の女性と結婚している**のです。

日本も他の欧米諸国と同じく2人以上の妻を持つことはできず、かつて一般的だった「妾」や「二号さん」も社会的に許容されなくなりました。その一方で離婚率は上昇し、生涯で2回、3回と結婚することも珍しくなくなりました。

このとき、一部の男性は未婚の（若い）女性と再婚し、離婚した女性は再婚せずに母子家庭のまま暮らすと考えれば、男女の未婚率のちがいが説明できます。そしてこれは、欧米や日本のような先進国で共通して起きている現象です。

一夫多妻というのは、同時に複数の女性を妻にすることです。先進国で増えているのは、

結婚と離婚を繰り返す「事実上の一夫多妻」です。

有名人の不倫はときにはげしいバッシングの対象になりますが、合意のうえで慰謝料を支払い独身に戻ることにはなんの支障もありません。だとすれば、じゅうぶんな富のある一部の男性＝上級国民にとっては、「事実上の一夫多妻」を実現することはそれほど難しくありません。

もちろん離婚には金銭的・精神的に大きなコストがかかります。弁護士を雇うなどしてこうしたトラブルを穏便に解決できるのは、それなりの社会的・経済的地位のある男性でしょう。そしてこの男性は、「持てる者」であることによって「モテる」のです。

このようにして、男も女もすべてのひとが自らの意思で結婚・離婚する自由恋愛の社会では、**マジョリティであるはずの男性が、必然的に「モテ＝持てる者（上級）」と「非モテ＝持たざる者（下級）」に分裂する**ことになったのです。

「モテ」と「非モテ」の分裂

日本社会の主流派（マジョリティ）は「男性」ですが、そこでは「モテ（持てる者）」

と「非モテ（持たざる者）」の分断が進んでいます。この関係を表わしたのが図表14です。男性のアッパークラスを構成する「モテ」は、社会的・経済的な成功者（持てる者）であると同時に、女性にも「モテる」ことで、生涯のあいだに複数の女性と恋愛し、しばしば複数回の結婚をします。それに対して男性のアンダークラスを構成する「非モテ」は金も権力もない「持たざる者」で、女性からも関心を持たれません。

図表14 「モテ」と「非モテ」の分裂

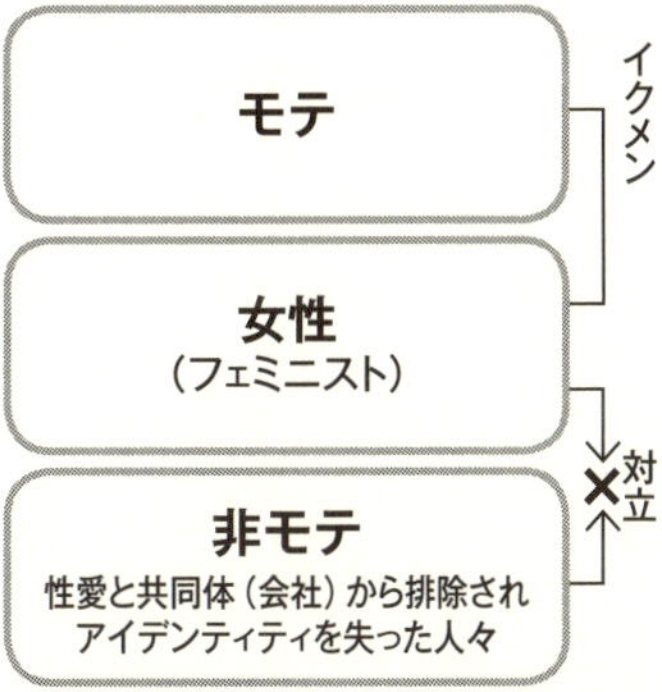

　SNSなどのコミュニケーション・テクノロジーの普及によって、（「リア充」などと呼ばれる）「モテ」が可視化されたことによって、「非モテ」との格差はますます拡大しています。「非モテ」の男は、世界じゅうの「モテ」の画像や動画をいやおうなしに目にすることで格差を実感させられるのです。

　現代日本において、男にとっての共同体は会社（仕事）であり、ビジネスで成功して大きな富を得ることで女性の注目を集めます。これは逆にいうならば、(非正規やフリーターなど)**ビジネスで成功できない「持たざる者＝下級国民」は会社共同体から排除され、さらには性愛からも排除されてしまう**ということです。この「二重の排除」は、最近では「居場所がない」と表現されます。

「モテ」の男は女性と利害関係が対立しませんから、「男女平等」の理念に共鳴し、家事・育児にも積極的にかかわって「イクメン」になります。それに対して「非モテ」は、自分たちが性愛から排除され、女性から抑圧されていると考えているので、女性の権利を拡大しようとするフェミニズムと敵対します。

これが、日本だけでなく欧米でも広く観察されるミソジニー(女嫌い)の構造です。

メンズリブとミソジニー

人口10万人中の自殺者数は男が23・2人、女が10・1人で倍以上の開きがあります(2018年)。不登校の男女比はあまり変わらないようですが、内閣府の「ひきこもりに関する実態調査」によれば、ひきこもりの男女比は4対1です。こうした傾向は日本だけの現象ではなく、欧米では高校からドロップアウトする男子生徒が大きな社会問題になっています（ただしうつ病は、思春期以降、明らかに女性に多くなります）。日本が男性優位社会だとするならば、なぜ「優位」にあるはずの男がより多く自殺したりひきこもったりするのでしょうか？

これに対して一部の「男権論者」は、「差別されているのは男だからだ」と主張しています。軍隊に徴兵されて戦争で死んでいくのは男ばかりです。平和な社会でも男は「一家の大黒柱」の重圧に押しつぶされ、過労死や過労自殺しています。それにもかかわらずメディアや知識人が注目するのはＬＧＢＴ（レズビアン・ゲイ・バイセクシャル・トランスジェンダー）などのマイノリティ差別や女性差別ばかりで、もっとも深刻な「男性差別」について見て見ぬふりをしているというのです。

１９６０年代のウーマンリブ（女性解放運動）の影響を受けて始まったアメリカのメンズリブ（男性解放運動）は、フェミニストが女性差別の撤廃を求めたように男性への差別を取り除くことを目指し、両者が共闘することで真に男女平等な（性による差別のいっさいない）理想社会が実現すると考えました（ワレン・ファレル『男性権力の神話――《男性差別》の可視化と撤廃のための学問』作品社）。

しかしいまや、ネットにあふれるのはフェミニズムへのヘイトや「権利を主張する女性」への罵詈雑言《ばりぞうごん》（ミソジニー）ばかりです。

なぜこんなことになるのか。それは**「男一般」ではなく、「非モテの男」が差別されているから**です。

男性優位社会のなかで女性がさまざまな差別を被っていることは間違いありませんが、それと同様に非モテの男も、男社会のヒエラルキーの最下層に追いやられ、存在そのものを全面的に否定されるような過酷な状況に追いやられています。

そんな「非モテの男たち（下級国民）」にとって、「モテの男（上級国民）」とすべての女は自分たちを抑圧する〝敵〟にしか感じられないのです。

年収の低い男は結婚できない

荒川和久さんは『超ソロ社会「独身大国・日本」の衝撃』（ＰＨＰ新書）などで、日本社会で急速に「ソロ化」が進んでいることを指摘してきました。図表15はその荒川さんが就業構造基本調査（２０１７年）から作成したもので、男女の年収別50歳時未婚率が示さ

図表15 年収別男女50歳時未婚率

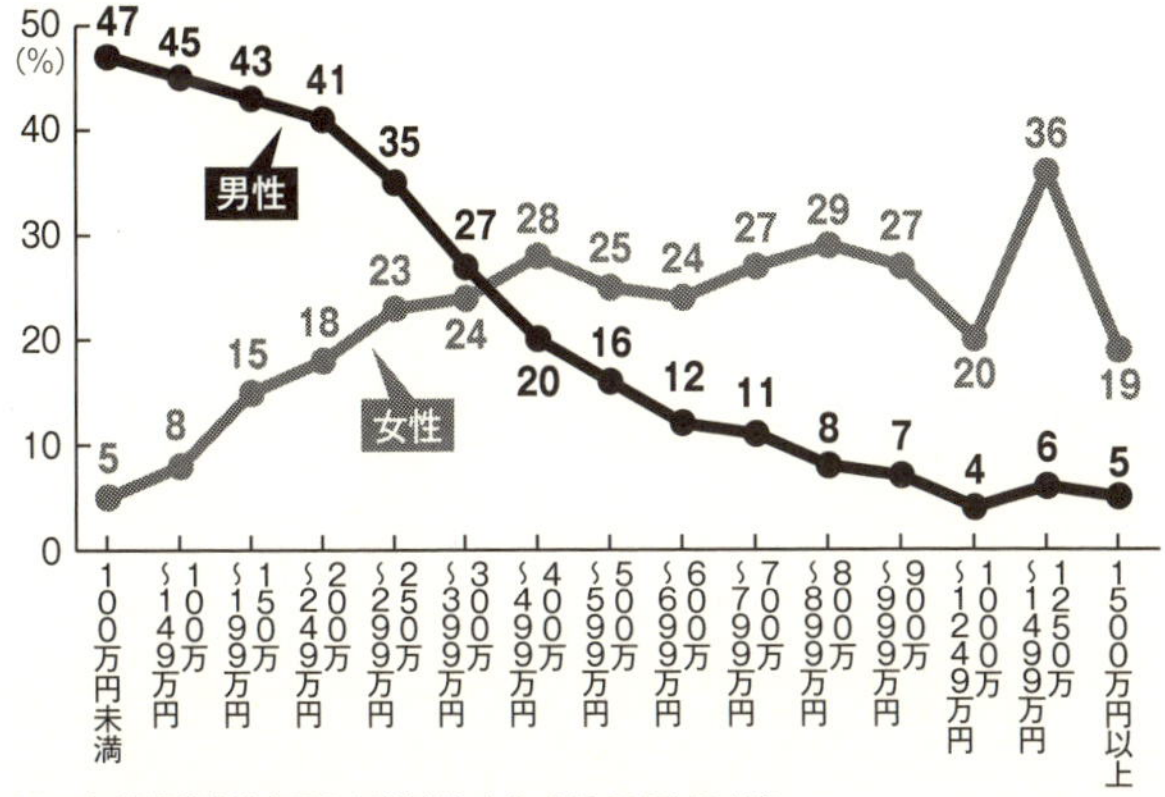

2017年就業構造基本調査より荒川和久作成（COMEMOより）

れています。

　これを見てわかるのは、男性では明らかに年収が低いほど未婚率が高く、年収が上がるにつれて結婚するようになることです。年収300万円以下では3割、200万円以下では4割が生涯未婚ですが、年収600万円以上で約9割、1000万円を超えると95％がいちどは結婚しています。

　これとは対照的に、女性の場合は年収が低いほど結婚し、年収が上がるにつれて未婚になっていく傾向が見られます（女性の年収1000万円以上は母数が少なく、極端なグラフの動きは異常値の可能性があります）。しかしここから、「女は収入が少ないほど結婚し、収入が増えると結婚できなくなる」ということはできません。

このグラフで示されているのは「45～54歳」の女性で、この年齢層で年収100万円未満の多くは専業主婦か、社会保険料の負担がない範囲でパートで働く主婦でしょう。そう考えれば、彼女たちの婚姻率が高いのは当たり前です。

同様に、年収1000万円超の「バリキャリ」の女性が結婚するかどうかを決断したのは、彼女たちが30代後半のとき、すなわち10～20年ほど前になるでしょう。だとすれば、その後、仕事に専念したことで年収が増えたと考えるのが自然で、「年収が高い女は結婚できない」という因果関係はありません。

それよりも興味深いのは、女性の未婚率が年収500万円あたりを境に横ばいに転じることです。これは、夫が子育てに協力し、妻も正社員としてフルタイムで働く世帯が増えていることを示しています。

国民生活基礎調査（2017年）によれば、18歳未満の子どものいる家庭にかぎれば、年収1000万円以上の世帯は18・6%と5世帯に1世帯です。

子どもが18歳未満ということは、親は30代か、せいぜい40代でしょう。サラリーマン男性の平均年収は30代で487万円、40代で587万円（2017年）ですから、5世帯に1世帯が年収1000万円を超えているなどということがあるはずはありません。

なぜこんなことになるのか、もうおわかりでしょう。こうした高所得世帯の多くは共働きなのです。

若くして年収1000万円は困難としても、夫婦ともに正社員なら世帯収入が1000万円（夫が年収600万円で妻が400万円など）を超えても不思議はありません。日本の社会には、結婚とは縁のない低収入の男性や、専業主婦の妻と子どもを抱え、自分一人の収入で家計を支えようとして擦り切れていく男性がたくさんいます。しかしその一方で、夫婦ともに高収入の職業につき、ゆたかな生活を享受する世帯も確実に増えているのです。

高学歴・高収入の専門職同士が結婚することは「同類婚」と呼ばれ、欧米を中心に急速に増えています。エリートの同類婚は、現代社会でもっともリッチな階層を構成しています。

「結婚がつらい」男たち

ジャーナリストの奥田祥子さんは2004年に週刊誌で「結婚できない男たち」という特集を担当したことをきっかけに「男性問題」に関心を持つようになりました。その取材をまとめた『男はつらいらしい』（講談社＋α文庫）では、結婚しないまま40代、50代になっていく男の苦境が描かれています。

「自由な独身生活を謳歌《おうか》してるんだからいいじゃないか」と思うかもしれませんが、「なぜ結婚しないのか」「なぜ家庭を持たないのか」という世間の圧力はとてつもなく強く、「生涯未婚」のレッテルを貼られかけた男たちは心理的に追い込まれていきます。

もちろん、「結婚できない」のにはさまざまな理由があります。「白雪姫求め系」と奥田さんが名づけたタイプの男性は、容姿も収入もじゅうぶんにモテる要素がありながら、要求のレベルがあまりに高いために年齢を重ねてしまい、若い女性から相手にされなくなってしまいます。

「ビビリー系」は、容姿も悪くないしコミュ力もあるけれど、なにかが欠けていることで積極的な交際にびびってしまいます。ひきこもり歴があったり、仕事が非正規で収入が少ないことを気にして女性に声をかけられない、というのがこのタイプです。

もっとも「非モテ」のイメージに近いのが「モテない系」の男性です。

岡本修治さん（仮名・33歳）は身長160センチ前後で、やや太り気味の体形。しわの寄ったシャツにズボン姿で、「外見的には、失礼ながら「イケてる」とは言えない男性だ」と描写されています。

神奈川県内で小規模な機械部品工場を営む家に生まれ育った岡本さんは、私立の男子高校を卒業後、家業に従事し、いまは両親と同居しています。これまで女性とつき合った経験はいちどもなく、母親と3つちがいの妹、50代の女性従業員のほかは、異性とろくに会話することなく日々を過ごしています。

「周りに女性の友達や恋人がいなくても、それが自分にとっては普通だったし、別に変わっているとも思っていなかった」という岡本さんが婚活を始めたきっかけは妹の結婚で、子どもが生まれて幸せそうな家庭を見て「いいなあ」と思ったのだといいます。

話も進んで緊張感もやわらいだところで、「今まで、結婚相手を見つけるために何か行動してきたんですか？」と奥田さんが訊くと、一瞬にして岡本さんの表情が曇り、声を荒立ててこうまくし立てました。

「だから、僕はこんなだから、女性にどう接していいか分からないし、口下手だから、駄目なんですよ。分かってもらえますか。僕だって、僕なりに悩んでいるんです」

政府が少子化対策に躍起になり、行政が婚活パーティを主催するようになるなかで、そうした機会を利用してパートナーと出会えるひとたちがいる一方、絶望を深めていく男たちもいるのです。

「非モテ」のテロリズム

厳格な一夫一妻というのは、近代以降のヨーロッパで始まったきわめて特異な制度です。それが植民地化によって世界に広がり、一夫多妻は時代遅れで女性の権利を侵すものとしてフェミニストからはげしく攻撃されるようになりました。「愛」は至高の絆でつながる「ロマンティックラブ」でなければならないのです。

ところが最近になって、アメリカで奇妙な現象が目につくようになりました。

恋愛と縁のない若い男性は日本だと「非モテ」ですが、アメリカだと「インセル（Incel）」と呼ばれます。これは「Involuntary celibate（非自発的禁欲）」のことで、宗教的な禁欲ではなく、「自分ではどうしようもない理由で（非自発的に）禁欲状態になっている」ことの自虐的な俗語としてネット世界に急速に広まりました。

２０１４年５月、エリオット・ロジャーという若者がカリフォルニア州サンタバーバラで無差別発砲し、６人が死亡しました。この事件が注目されたのは、22歳で童貞のロジャーが「インセル」を名乗り、自分を相手にしない女性への復讐が目的だとユーチューブに「犯行声明」を流したからです。

この事件でロジャーはインセルの「神」に祀り上げられ、15年10月オレゴン州の短大（９名死亡）、17年12月ニューメキシコ州の高校（２人死亡）、18年２月フロリダ州の高校（17人死亡）、同年４月トロントの路上（10名死亡）と、「インセル」による凶悪事件がつづきました。これはまさに、「非モテ」によるテロリズムです。

インセルの世界観では、「モテ」の男はチャド（Chad）、魅力的な女性はステイシー（Stacy）と呼ばれ、自分たちはチャドとステイシーの恋愛ゲームから排除されています。

チャドは男性の上位20％で、そこに女性の80％を占めるステイシーが群がります。その結果、男性の80％を占めるインセルが、わずかに残された20％の（たいして魅力のない）女性を奪いあわなくてはならないのです。

「イスラム国」のようなイスラーム原理主義のテロリストは、「悪魔」に支配された西欧世界を破壊し、クルアーンに記された理想の「神の国」の実現を目指しています。インセルのテロリストは、チャドとステイシーによる理不尽で不公平な「自由恋愛」を終わらせ、すべての男に平等に女が「分配」される理想世界を夢見ているのです。

「自分たちは（チャドに群がる）尻軽女に抑圧されている」と考えるインセルはフェミニズムが大嫌いですが、不思議なのは、そんな彼らが一部のフェミニストと歩調を合わせて一夫一妻の伝統的な性道徳の復活を強く訴えていることです。

この謎の答えは、すこし考えてみればわかります。

男が10人、女が10人いて、一夫一妻ならすべての男が妻を獲得できます。ところが一夫多妻で、魅力的な男が2人の女性をめとることが許されるなら、5人の男はあぶれてしまいます。うだつのあがらない男と結婚するより、金持ちの「二号」になった方がずっといいと考える女性はたくさんいるでしょう。

ここからわかるように、**一夫一妻は非モテの男に有利で、一夫多妻はモテの男とすべての女性に有利な制度です。**インセルはそのことに気づいたからこそ、社会を一夫多妻に誘導する自由恋愛をはげしく攻撃するのです。

「大きく黒い犬」という問題

インセルのほとんどが白人の若者で、彼らは熱烈なトランプ支持者でもあります。その理由は、トランプの岩盤支持層が「白人」というアメリカ社会のマジョリティでありながら、アンダークラスに追いやられた「プアホワイト」だからでしょう。彼らとインセルは、「アンダークラスに追いやられたマジョリティ」として、まったく同じ自己意識を持っています。

これはアメリカだけの現象ではありません。イギリスのブレグジットにせよ、フランスの黄色ベストデモにせよ、先進国を中心に社会を揺るがす出来事の背景にはつねに「マジョリティの分断」があり、日本も例外ではありません。

念のためにいっておくと、本書で男性の「モテ」と「非モテ」を問題にするのは、女性への差別がどうでもいいからではありません。「利己的な遺伝子」ができるだけ多くの子孫（遺伝子の複製）を後世に残すように〝ビークル（乗り物）〟であるヒトを「設計」したと考えれば、男でも女でも「性愛＝生殖」こそが生の核心にあることは間違いありません。

しかし男女の性戦略の非対称性によって、恋愛の自由市場のなかで男はきわめて強い競争圧力にさらされることになります。その結果、**「非モテ」の男は性愛から排除されることで人生をまるごと否定されてしまうのです。**

それにもかかわらず話題になるのはLGBTのような「見えやすいマイノリティ」のことだけで、「マジョリティのアンダークラス」である「非モテ」の存在はこれまで黙殺されてきました。

評論家の御田寺圭《みたてらけい》さんは、『矛盾社会序説　その「自由」が世界を縛る』（イースト・プレス）で、これを「大きく黒い犬の問題」と名づけました。

捨て犬の保護施設では、毛並みの明るい、あるいは小柄な捨て犬は比較的容易に引き取り手が現われますが、誰にも関心を示されない「大きく黒い犬」のほとんどは殺処分されていきます。現代社会においては、「非モテ」の男性こそが「大きく黒い犬」だというのです。

神と英雄

「インセルの反乱」は北米だけでなく、いまや先進国に共通の現象になりつつあります。

2016年5月、韓国・ソウルの繁華街である江南駅付近の商業ビルのトイレで、当時23歳だった女性が見知らぬ男によって十数回にわたって凶器で刺され、生命を奪われるという無差別殺人が起きました。この事件が韓国社会に衝撃を与えたのは、現場で逮捕された犯人が警察官に「社会生活で女性に無視された」と語ったからでした。

2008年6月に秋葉原で起きた無差別殺傷事件では、当時25歳の犯人が自動車工場の派遣社員として働いていたことから「派遣切り」に注目が集まりましたが、インターネットの一部ではこの男は、社会への復讐を実行した「神」と扱われています。

2016年7月に相模原市の障害者福祉施設に元職員が侵入し、入所者19人を刺殺、職員ら26人に重軽傷を負わせるという戦後最悪の大量殺人が起きました。事件の犯人は当時26歳の男で、衆議院議長公邸を訪れて重度の障がい者の「安楽死」を求める手紙を渡すなどの異常な行動で精神科病院に措置入院されたあと、「他人に危害を加える恐れがなくなった」との医師の診断で退院を許可されていました。

男はメディアの取材に対して、「命を無条件で救うことが人の幸せを増やすとは考えられない」などと犯行を正当化し、「遺族を悲しみと怒りで傷つけたことをお詫びしたい」と述べる一方で、被害者に対しては「自分が殺したのは人間ではない」などと主張しています。この男に対してもネットの一部では称賛の言葉があふれています。

その一方で、44歳のひきこもりの長男を刺殺した元農水事務次官の父親にも、「よくやった」などの言葉が並んでいます。

これら一連の事件に、現代の日本が象徴されています。

社会からも性愛からも排除された男が復讐すると「神」になり、そのような男を共同体から排除すると「英雄」と見なされるのです。

PART 3

世界を揺るがす「上級／下級」の分断

5 リベラル化する世界

私たちはどのような世界に生きているのでしょうか？　それがひと目でわかるのは図表16です。

これは1800年を1として、紀元前1000年から2000年までの人口一人当たりの所得を示したものです。

この図を見てわかるのは、人類のゆたかさは2800年かけてもほとんど変わっていなかったことです。時間軸を50万年（サピエンス誕生）や500万年（最初の人類の登場）

図表16 紀元前1000年から現在までの一人当たりの所得の推移

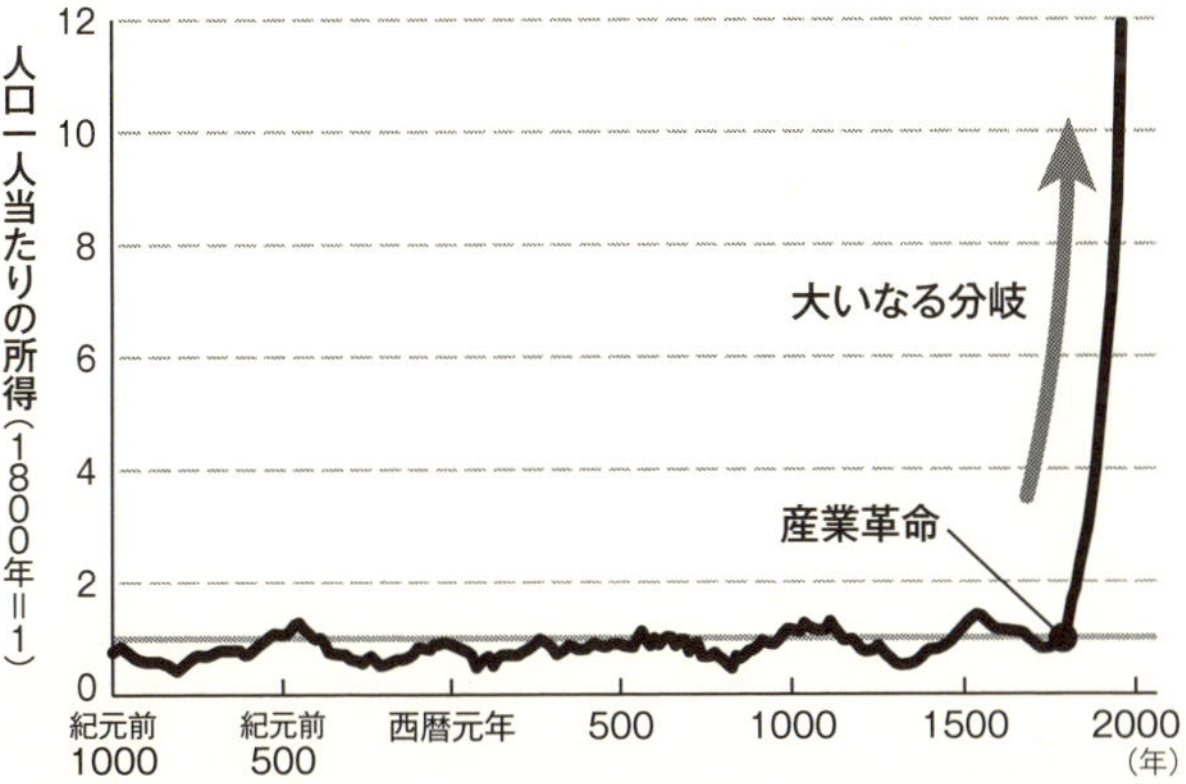

グレゴリー・クラーク『10万年の世界経済史』より

まで伸ばしても、おそらくたいしたちがいはないでしょう。旧石器時代の狩猟採集生活でも中世の都市や農村でも、ひとびとはかつかつでなんとか生きていたのです。

「人口爆発」と「ゆたかさの爆発」

だとしたら、紀元前1万年前後の「農業革命」は人類になんの変化ももたらさなかったのでしょうか。もちろんそんなことはありません。

農業は、サピエンスの生存環境に劇的な変化をもたらしました。それは「**人口爆発**」です。

諸説あるものの、10万年前の世界人口は現生人類（サピエンス）とユーラシアの旧人類（ネアンデルタール人など）を合わせて50万人ほどしかいなかったとされます。サピエンスがユーラシア大陸の全域に拡散した1万2000年前（氷河期の終わり）でも、その数は600万人程度でした。

それが、農業という巨大なイノベーションでカロリー生産量が急激に高まったことで、紀元前1万年から西暦1年までのあいだに世界人口は100倍まで増加します（推定値は40～170倍）。これにともなって世界全体の富は大きく増えましたが、そのぶんだけ人口も増加しているため、一人当たりのゆたかさはほとんど変わらなかったのです。

農業革命が人口爆発を起こしたとすれば、産業革命は**「ゆたかさの爆発」**を引き起こしました。ユリウス・カエサル（紀元前100～前44年）の時代のローマ人が中世のローマにタイムスリップしたとしてもほとんど違和感を覚えなかったでしょうが、江戸時代（1603～1868年）の日本人が現代の東京にタイムスリップしたら、あまりの変化に自分がいるのが同じ惑星だということすら理解できないでしょう。

物理学では、熱せられた水が水蒸気に変わるような出来事（ある系の相が別の相に変わること）を「相転移」といいます。その境界が臨界状態で、水ははげしく沸騰しています。

人類は農業革命で人口と文化の相転移を、産業革命でテクノロジーとゆたかさの相転移を体験したのです。

18世紀半ばにヨーロッパ世界の「辺境」だったイギリスで始まった産業革命によって、私たちはそれまでとまったくちがう世界に放り込まれました。ところが「世界史」は、古代・中世・近世からの連続として近代（相転移したあとの世界）を記述するため、いまだにほとんどのひとがこのとてつもない変化に気づきません。

産業革命は科学技術（テクノロジー）の革命であり、知識革命でもありました。**私たちが生きている近代（モダン）とは、それまでの歴史世界とは異なる「アナザーワールド」なのです。**

私の人生は私が自由に選択する

産業革命後の18世紀半ばから20世紀初頭までが「前期近代」で、その特徴は強大な科学技術によるゆたかさの追求でした。この時代は富が土地（領土）と結びついていたため、いち早く近代化したヨーロッパ列強は競って植民地獲得に乗り出しました。それから10

0年遅れて、日本がアジアではじめて近代化に成功し、朝鮮半島と台湾を植民地化し中国大陸を侵略していくことになります。

こうして植民地主義（帝国主義）がふたつの大きな戦争を引き起こし、数千万というとてつもない数の戦死者・餓死者を出し、アウシュビッツとヒロシマを経験してようやく「戦争の世紀」が終わります。米ソ両超大国が世界を何十回も滅ぼすだけの核兵器を保有したことでもはや大国間の戦争は不可能になり（ゲーム理論でいう相互確証破壊）、国家の存在意義は領土の拡張から経済成長＝国民のゆたかさへと変わりました。これが「後期近代」の始まりであり、「福祉国家」の誕生です。

第二次世界大戦後の西側諸国は、アメリカを中心とする自由主義諸国間の貿易によって空前の繁栄を実現します。1960年代になると、ごくふつうの庶民まで、数百万年の人類の歴史のなかで王侯貴族ですら想像できなかったようなとてつもないゆたかさを手にすることになりました。

こうして、ゆたかさを背景に価値観の大きな転換が起こります。それをひと言でいうなら、**「私の人生は私が自由に選択する」**です。

「そんなの当たり前じゃないか」と思うでしょうが、それは私たちが「後期近代」に生きているからです。

中世や近世はもちろん、日本では戦前（前期昭和）ですら、「人生を選択する」などという奇妙奇天烈な思想を持つひとはほとんどいませんでした。長男は家業を継ぎ、次男や三男は軍人になるか都会に出稼ぎに行き、姉妹は親の決めた相手と結婚するか、兄弟の学資を稼ぐために身体を売るのが当然とされていたのです。

ところが１９６０年代になると、こうした前期近代の価値観（生き方）は「過去の歴史」と見なされるようになり、古代や中世と区別がつかなくなります。好きな職業を選び、好きな相手と結婚し、自由に生きることが当たり前になったのです。

これは、どれほど強調しても強調し足りないほどの巨大な変化です。18世紀半ばの産業革命においてゆたかさの相転移が起きたとすれば、20世紀半ばに価値観の相転移が起き、ひとびとは新たなアナザーワールドを生きるようになりました。これが「自由な社会」です。

政治的な自由は「Liberty（リバティ）」で、自由な社会を目指す運動が「Liberal（リベラル）」です。自由化とはリベラル化のことであり、とてつもないゆたかさを背景に若者たちはますます自由＝リベラルになっていきました。

こうして1960年代末のアメリカで、ベトナム反戦運動、公民権運動、セックス・ドラッグ・ロックンロールのフラワームーブメント（ヒッピーカルチャー）が始まります。ほぼ同時期にフランスではパリコミューン（五月革命）が、日本では安保闘争（学生運動）が起きたのは偶然ではなく、テレビやラジオ、とりわけロックのような音楽（サブカルチャー）を通じて新しい価値観が先進国の若者のあいだで共有されていたからです。

この変化がよくわかるのが女性の権利獲得運動で、17世紀のアメリカでは女性には選挙権はもちろん財産権すら認められていませんでした。妻は夫の、娘は父親の「所有物」だったのです。

社会がゆたかになって女性が高い教育を受けるようになると、発言力も強くなっていきます。こうして1960年代の（第二期）フェミニズムにおいて、「男と女はすべての権利において対等である」という〝驚くべき〟主張が登場することになります。

フェミニズムという「過激思想」がまたたくまに世界じゅうに広まったことは、「価値観の相転移」に歴史や文化、宗教のちがいなどないことを示しています。とてつもないゆたかさを手にすれば、男も女も誰もが「自由に生きたい」と思うようになるのです。

ヨーロッパにおけるイスラーム問題の本質

1960年代以降の「後期近代」の中核に位置する価値観は「自分の人生を自由に選択する」、すなわち「自己実現」です。そしてこれが「平等」と結びつきます。

なぜそのようになるかはとてもシンプルで、**「他者の自由を認めなければ自分の自由もない」**からです。これが「自由な社会」の根本原理です。

リベラルな社会では、ひとびとは**「私が自由に生きているのだから、私の利益を侵さないかぎり、あなたにも同じように自由に生きる権利がある」**と考えるようになります。これは「他者の自己実現には干渉しない」ということであり、わかりやすくいえば「あなたの勝手にすればいいでしょ」になります。

世界がこのような意味で「リベラル化」していることは、さまざまな出来事で確認することができます。

植民地主義や奴隷制（アパルトヘイト）が「許されない悪」なのは、国籍（出自）や人種という「自分ではどうしようもない属性」によって自由を奪うからです。公民権運動やフェミニズム、ゲイ解放運動なども同じで、すべてのひとが「自己実現」の権利を持つ社会では、人種や民族、国籍、性別、宗教などによる差別はものすごく嫌われるようになりました。

リベラルがLGBTの権利を擁護し同性婚を支持するのは、「異性を愛そうが同性を愛そうが個人の自由で、誰と結婚しようとあなたの勝手」と考えるからです。中絶の自由は、「あなたが子ども産もうがどうしようが私には関係ない」です。リベラル化する世界の最先端であるオランダでは、売買春も、ドラッグ（大麻）も、安楽死も個人の自由になりました。

カトリックの影響が強く「ヨーロッパでもっとも保守的」といわれたアイルランドでも、2018年5月の国民投票で人工妊娠中絶を禁じる憲法条項の撤廃が決まりました。こんなことは半世紀前はもちろん、10年前ですら想像できなかったでしょう。世界の「リベラル化」は加速しているのです。

日本は欧米の価値観から一周遅れですが、同じ「リベラル化」の潮流のなかにあることは、夫婦別姓に対する意識の変化からも明らかです。内閣府の調査では、夫婦別姓への賛成は若年層（39歳以下）で5割を超えており、「仕事などで旧姓の使用を認めてもよい」を加えれば8割以上が支持しています。

保守派は「日本の伝統を守る」として夫婦別姓に頑強に反対していますが、どんどん劣勢に追いやられています。日本は「右傾化」「保守化」しているはずなのに、国民の大多数は「どんな名字を名乗るかは個人が自由に決めればいい」というリベラルな主張に賛同しているのです。

リベラルの理想は、「生まれてきたことは選べないとしても、ものごころついて以降は、すべてのひとが自分の人生を自由に選択できるようにするべきだ」すなわち「自己実現できる社会」こそが素晴らしいというものです。現代社会では、この主張を否定したり反論したりすることはできなくなりました。個人の自由を阻む者は即座に「悪」のレッテルを貼られ、葬り去られるのです。

これが、ヨーロッパにおけるイスラーム問題の本質です。妻や娘にブルカを着せて夫

（家族）以外の男に顔を見せないようにすることも、娘に高等教育を受けさせず結婚を強制することも、同性愛を「神への冒瀆」とすることも、「イスラームの教義」とされるものは世俗化したヨーロッパではとうてい受け入れられません。こうして、「近代的な市民社会とは異なる生き方をしたいのなら、自分たちだけで勝手にやってくれ（出て行ってくれ）」という「極右」の論理をリベラルな市民が支持するようになったのです。

リベラルな社会の能力主義

個人の自由（自己実現）を最大化するリベラルな社会は、前近代の身分制社会に比べればもちろん素晴らしい進歩であり、よろこばしいことですが、あらゆることはトレードオフ（あちらを立てればこちらが立たない）です。

リベラルな社会の負の側面は、自己実現と自己責任がコインの裏表であることと、自由が共同体を解体することです。

リベラルは、人種、出自、宗教、国籍、性別、年齢、性的志向、障がいの有無などによるいっさいの差別を認めません。なぜならそれらは、本人の意思や努力ではどうしようもないことで自己実現を阻むからです。

しかしこれは逆にいうと、「本人の意思（やる気）で格差が生じるのは当然だ」「努力は正当に評価され、社会的な地位や経済的なゆたかさに反映されるべきだ」ということになります。**これが「能力主義（メリトクラシー）」であり、リベラルな社会の本質です。**

自由（自己実現）と自己責任が光と影の関係であることは、1943年、ドイツ占領下のフランスで出版された『存在と無』でジャン＝ポール・サルトルがすでに指摘していま す。若者たちにアンガージュマン（状況への参加）を説き、実存主義の教典となったこの名高い哲学書でサルトルはこう書いています。

> 人間は自由の刑を宣告されている。なぜなら、いったんこの世に放り込まれたら、人間は自分のやることなすことのいっさいに責任を負わされるからだ。［人生に］意味を与えるかどうかは、自分次第なのだ。（『存在と無　現象学的存在論の試み』ちくま学芸文庫）

こうした「自己実現＝自己責任」の論理は1960年代になるとアメリカに移植され、「自己啓発」として花開くことになります。資本主義を肯定し、自由な社会で「自分らしく」生きることを称揚するこの新しい思想（ポジティブ心理学）では、人生は自らの責任において切り開くものであり、そこから得られる達成感こそが至高の価値とされたのです。

リベラルの理想は究極の自己責任

北欧のような「世界でもっともリベラルな社会」は、いまでは「ネオリベ型福祉国家」と呼ばれています。スウェーデンやデンマーク、オランダなどでは、国家（社会）と国民（市民）の関係はギブ・アンド・テイクで、「社会に貢献している者だけが社会からの給付を受けられる」という価値観が急速に広まっています。

デンマークはかつては失業保険の給付期間が7年間で「世界でもっとも恵まれている」といわれましたが、近年は30歳未満の者に対する教育訓練がきびしくなっており、2008年から、失業手当を受給しはじめて3カ月後には「人材活性化プログラム」への参加が義務づけられ、それに加えてジョブセンターが斡旋《あっせん》する同一の職に6カ月間従事することが給付の要件とされるようになりました。

オランダは世界にさきがけてフルタイム（正社員）とパートタイム（非正規）の「差別」を撤廃しましたが、そんなリベラルな社会でも（あるいはリベラルだからこそ）、2004年に施行された「雇用・生活保護法」で、18歳以上65歳未満の生活保護受給者は原則として全員が就労義務を課せられ、「切迫した事情」を立証できないかぎりこの義務が免除されなくなりました。生活保護の受給者は、職業紹介所から斡旋された仕事が「一般的に受け入れられている労働」であるかぎり、これを拒むことができないのです（オランダでは売春が合法化されていますが、これは〝一般的に受け入れられている〟仕事ではないので強制されることはありません）。

社会がリベラルになればなるほど、何歳になっても働いて納税したり、リタイアしてからも健康の許すかぎり地域のボランティアに参加するなど、「自分はこうやって社会に貢献している」とアピールしなければなりません。「生涯現役社会」とは、「生涯にわたって社会に参画しつづけなければならない社会」でもあります。

そんななかで、20代で労働市場からドロップアウトし、生活保護で暮らす移民の若者たちへの風当たりはますます強まり、居場所がなくなって、ある日突然テロリストに変貌するのです。

さまざまな理不尽な差別は残念なことに現代でもなくなりませんが、何十年後、あるいは何百年後にありとあらゆる差別が克服され、かんぜんに平等な理想社会が実現したとしましょう。そこではすべてのひとが平等な資格で「自己実現」を目指すことができ、あらゆる障害は取り除かれています。

これは素晴らしいことですが、当然のことながら、そうなると選択の結果は本人のみが引き受けることになります。**誰もが自己実現できるリベラルの理想世界は、究極の自己責任の世界なのです。**

「政治的に正しい態度（PC）」が必要な理由

価値観が多様化し、一人ひとりの好き嫌いや考え方、利害が異なるようになれば、「いっしょになにかをやる」ことは難しくなります。こうして欧米では教会を中心としたコミュニティが解体し、日本でも町内会、労働組合、PTAといったかつては大きな影響力を持った「中間団体」でさまざまな問題が噴出しています。

「現代はひとびとの触れ合いがなくなった」と嘆くひとがたくさんいますが、これは逆で、中世はもちろん江戸時代や戦前でも、ほとんどのひとにとって「他人（見知らぬひと）」と出会うことなど年に数回あるかないかだったでしょう。旧石器時代から人類はずっと「知り合いしかいない」世界で暮らしており、現代のように、毎日たくさんの「他人」と触れ合わなければならない環境など体験したことはありませんでした。

ますます複雑になる社会のなかで、**ひとびとは人間関係に疲れてしまい、プライベートなときくらいは「ひとり」になりたいと思います。**その結果、先進国の都市部を中心に「ソロ化」が急速に進んでいくのです。

リベラルな社会は個人の多様性を最大限認めますから、マイノリティ（少数派）でも快適に暮らすことができる反面、人間関係の管理がものすごく面倒になります。前近代的な身分制社会なら、相手の身分（所属する共同体）を知るだけでどのように振る舞えばいいかがわかりましたが、自由な社会では外見や衣装だけでは相手がどんな人間かを判断できないため、ちょっとした言葉遣いがやっかいな紛争を引き起こしかねません。

とりわけ日本語は尊敬語や謙譲語の組み合わせで自分と相手の身分（上下関係）を確定するようになっているため、さまざまな場面で混乱が生じています。「日本語」の複雑さに戸惑う若者たちのあいだで「よろしかったでしょうか」のような摩訶不思議な敬語が使われるようになったのはこれが理由でしょう。なんでもかんでもとりあえず丁寧にしておけば、トラブルは避けられるのです。

欧米を中心にＰＣ（Political Correctness／政治的に正しい態度）が世界を席巻しています。アメリカでは相手が「差別的」と感じる言葉遣いは「無意識の差別意識」の表われとして糾弾の対象とされ、著名人が涙ながらに謝罪する場面がしばしば報じられます。

これも社会のリベラル化の一側面で、自分が「被害者（善）」であることを主張し、相手に「差別主義者（悪）」のレッテルを貼る「バッシング」が伝染病のようにインターネットで広まっています。

保守派によるきびしい批判にもかかわらず世界的にＰＣが受け入れられているのは、この「伝染病」に感染しないための共通のコード（約束事）が必要だからでしょう。

「政治的正しさ」というのは「さまざまな人種や宗教のひとたちが共生する社会での振る

舞い方」のことで、それが正しいかどうかにかかわらず、決められたコードに従ってさえいれば「差別主義者」との批判を避けることができるのです。

「リスク」を自分で引き受ける

とてつもないゆたかさを背景に社会が大きく変わりつつあるなかで、そこには「よいこと」だけではなく負の側面もあることに最初に気づいたのはヨーロッパの思想家たちでした。

ウルリッヒ・ベックはドイツの社会学者で、1986年に『危険社会　新しい近代への道』(法政大学出版局)がベストセラーになりました。それはこの本の第一部「文明という火山――危険社会の輪郭」で、原子力発電のような制御困難な巨大科学の危険(リスク)を論じていたからで、まさにこの年に旧ソ連(現在のウクライナ)のチェルノブイリ原子力発電所がメルトダウンを起こしたのです。

そのため1988年の旧訳(二期出版)では科学批判の部分だけが訳され、第二部「社会的不平等の個人化――産業社会の生活形態の脱伝統化」は1998年に全訳が出るまでほとんど知られていませんでした。ベックはここで、「わたしはわたし」という個人化された社会では生き方のモデルが大きく変わり、すべてのひとが個人でリスクを背負わなくてはならなくなると述べています。

これは社会学者の山田昌弘さんが『希望格差社会 「負け組」の絶望感が日本を引き裂く』（ちくま文庫）で指摘していることですが、ベックのいう「リスク（risk）」は「危険（danger）」のことではありません（そのため日本語版タイトルの『危険社会』は原書どおり『リスク社会』とすべきです）。

資産運用理論では、リスクは損失（危険）のことではなくリターン（利益）の源泉で、統計学的には「利益と損失のばらつきの大きさ」を表わします。

「ハイリスク・ハイリターン」とは、「大きなばらつきがある（株式のような）金融商品は、ものすごく儲かることもあれば大損することもある」という意味です。「ローリスク・ローリターン」は、「ばらつきの小さな（預金や債券のような）金融商品は、損することがあまりない代わりにたいした利益もない」という意味です。金融市場でどの程度のリスクをとるかは、一人ひとりの（個人）投資家の自由な意思に任されます。

前近代的な身分制社会では、「自分の人生を自分で決める」ことなど想像することさえできませんでした。それに対して後期近代の「リスク社会」では、自分の人生においてどんなリスクをとるかを個人が自由に選択できます。

歌手や映画俳優、スポーツ選手や芸術家のような「ハイリスク・ハイリターン」の人生を選ぶひともいれば、公務員のような「ローリスク・ローリターン」の職業に就くひともいるでしょう。これはどちらが正しくてどちらが間違っているということではなく、リスクに見合ったリターンがあるのなら、人生の優劣を論じても（金融商品の優劣を論じるのと同じように）意味はありません。

ハイリスクな株式投資は、大きく儲かる投資家とたくさんの損する投資家を生み出します。それと同様にリスク社会では、ハイリスクな人生を「自由意思で」選択した個人のなかから多くの「負け組」が出ることは避けられません。しかしもはや（リスクのない）身分制社会に後戻りすることができない以上、私たちは「リスク社会」を生きるほかないことを、ベックは早くも1980年代に指摘したのです。

自己分析と自己コントロール

イギリスの社会学者アンソニー・ギデンズは1990年に『近代とはいかなる時代か？モダニティの帰結』（而立書房）で「再帰的近代」という概念を提示しました。「再帰的（recursive）」は論理学の用語で、「あるものを定義するにあたって、それ自身を定義に含む」ことをいい、「自己言及」「自己参照」などとも訳されます。

これはちょっと難しいので、すこし詳しく説明しましょう。

前近代的な身分制社会では、自分が何者かの定義は「貴族」や「農民」「奴隷」などの身分によって決まっていました。しかし「身分」のなくなった後期近代では、「自分を定義するにあたって自分を参照する」のです。

現代では、かつて自己を規定していた属性は「差別」として否定されるか（身分）、自己を構成するささいな一部（宗教）になっています。「自分は何者か」と問うとき、外部の基準がなくなってしまえば、あとは内部（自分自身）を基準にする以外にありません。「私はどういう人間なのか？」「どのような未来を望んでいるのか？」「どんな職業に就き、どんな恋愛をしたいのか」「この世に生まれてきた意味はなにか」を問うことは「自分さがし」と呼ばれます。

こうして「自分で自分を参照する」再帰的近代では、ひとびとは「自分らしさ」にこだわり、「ほんとうの自分」を探しつづけることになります。

再帰的近代のもうひとつの特徴は、「大きな物語」がなくなったことです。

前期近代では「資本」と「労働」が対立しているとされ、失業は「階級問題」で個人的な問題ではありませんでした。「君が失業しているのは『搾取された労働者』だからで、失業から抜け出すには『革命』によって社会の仕組みを変えるしかない」――このマルクス主義の物語が広く受け入れられたのは、(正しいかどうかは別として)「君にはなんの責任もない」と告げたからです。

ところが「リベラル化」が進んだ後期(再帰的)近代では、労働者は一人ひとりが自由な意思を持つ「個人」になり、自分を「労働者階級」とは見なさなくなります。そうなると、経済的な成功と同じく失敗(失業)も個人の責任で、かつてのプロレタリアートは階級や社会階層を構成しない「プレカリアート」と呼ばれるようになります。経済的な苦境は個人の生き方の問題とされ、本人たちも「自己責任」を内面化していきます。「社会」から「個人」へと視点が変わる再帰的近代では、「自己」を正しく把握・管理することが重要になってきます。これが「自己分析」「自己コントロール」で、自己の価値の最大化を目指すのが「キャリアビルディング」です。

このように現代社会のさまざまな現象は、「自分以外に参照するものがなくなった」という再帰性から説明できるのです。

ポイ捨てされる人間

ジークムント・バウマンは第二次世界大戦前のポーランドに生まれ、戦争中はポーランド人民軍兵士としてナチス・ドイツと戦いました。戦後はワルシャワ大学で社会学を学んで講師になりましたが、ソ連・東欧圏の反ユダヤ主義の風潮のなかで大学を追放され、数カ国を渡り歩いたのちイギリス・リーズ大学の社会学教授として迎えられます。そんなバウマンが2000年に世に問うたのが『リキッド・モダニティ　液状化する社会』(大月書店)です。

バウマンは、リベラルな社会では伝統的なコミュニティ（共同体）は解体し、ひとびとが液状化すると考えました。そのうえで「リキッド」な社会はひとびとにとって祝福なのか、呪いなのかと問いかけます。「自由の行使には苦労がともなうので、人間は不自由のままでいたいのではないか、解放の展望など持つことさえ嫌なのではないか」というのです。

その後バウマンは、『廃棄された生　モダニティとその追放者』（昭和堂）などで、液状化する社会から落ちこぼれていくひとたちを論ずるようになります。原題は"Wasted Lives"で、直訳するなら「ポイ捨て人生」です。液状化社会の下層を構成するのは"wasted humans"で、翻訳では「人間廃棄物」とされていますが、これは「ポイ捨て人間」です。

バウマンは、「ポイ捨てされる人間」はこの社会にとって「余分」だとしたうえで、次のように端的に書いています。

他者は君（「余分な」人間）を必要としていない。彼らは君がいなくても同じようにうまくできるし、場合によってはよりうまくこなせるのである。君がそこにいる自

> 明の理由など存在しないし、そこにいつづける権利を君が主張しても明白に正当化してくれるものもない。余分だと宣告されることは、使い捨て可能であるがゆえに処分されてしまったということなのである。（『廃棄された生』）

バウマンは「ポイ捨てされる人間」として第一に難民を挙げていますが、それはホームレスから失業者、いつ解雇されるかわからないエリート・ビジネスパーソンまで多岐にわたります。

「液状化」した後期近代（リキッド・モダニティ）はひとびとが自由に生きることができる素晴らしい社会ですが、つねに誰かを排除しつづけなくては「秩序」を保つことができません。**人類史上未曾有の繁栄の陰では「余分な」ひとたちが廃棄物処理場に送られ、リサイクルされ、ゴミの山にポイ捨てされているのです。**

こうしてみると、ベックの「リスク社会」、ギデンズの「再帰的近代」、バウマンの「液状化する近代」は同じひとつの現象について述べていることがわかります。それは「自由な個人が自己実現する」という、これまでの人類史ではあり得ない「異常」な体験です。

この体験は1980年代には「ポストモダン（近代以後）」と呼ばれましたが、これは間違いです。なぜなら、「リスク社会」「再帰的近代」「液状化する近代」は**「近代（モダン）という理念（自己実現と自己責任）の完成形」**だからです。

ひとつだけ確実なのは、「高度化した近代」が液状化＝流動化するのは不可逆だということでしょう。ひとびとはより自由に、よりゆたかに、より幸福に生きようと望み、「リベラル化」が後戻りすることはありません。

だとすればこれからも共同体の解体は進行し、人間関係は学校や会社、軍隊などの固定的なものから、ネット上のコミュニティのような即興的な（気の合ったときに集まり、イベントが終わると解散する）ものに変わり、仕事はフリーエージェントが集まってプロジェクト単位で行なわれるようになっていくはずです。そして、この劇的な変化に適応できないひとたちがあちこちに吹きだまり、社会を大きく動揺させることになります。

こうして「上級／下級」の分断を加速させる後期近代の光と影は、ますますくっきりと見えてくるのです。

6 「リバタニア」と「ドメスティックス」

私たちが生きている後期近代は「知識社会」でもあります。これは、産業革命が「知識革命」でもあるからです。

図表17は、グーグルの研究機関〝X〟のCEOエリック・テラーがジャーナリスト、トーマス・フリードマンのために、テクノロジー（知識）と人間の適応力の関係を描いたものです。

人類が最初に手にしたテクノロジーは石器で、おそらくは尖った石を木の枝の先にくく

図表17 テクノロジーと人間の適応力

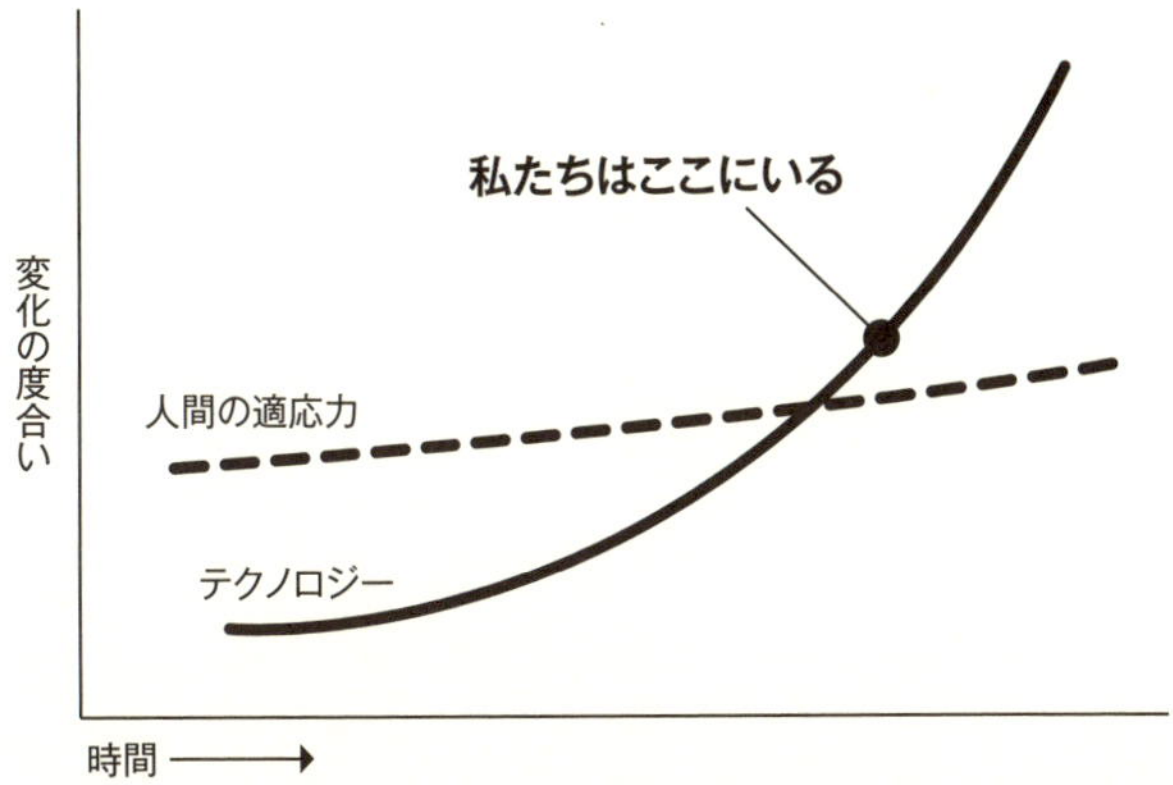

トーマス・フリードマン『遅刻してくれて、ありがとう』より

りつけて槍にしたのでしょう。これは大きなイノベーションですが、テクノロジーのレベルは人間の適応力のはるか下にあり、器用か不器用かのちがいはあっても、共同体のすべてのメンバーがその仕組みを理解し使いこなすことができました。

その後、農業革命によって人口爆発が起こり、都市が生まれて権力が階層化し、テクノロジーは専門に分化していきます。エジプトの神殿やマヤ文明のピラミッドなど、現代の水準からしても驚くほど高度な巨大建造物がつくられましたが、それでもそこで使われた技術は当時のひとびとの理解可能な範囲に収まっていたでしょう。

ところが産業革命とともに知識社会が成立すると、技術は指数関数的に「進化」していきます。こうして、テクノロジーは理解するものから使いこなすものに変わりました。初期のパーソナルコンピュータはナード（Nerd／おたく）ならその仕組みを理解できましたが、スマートフォンになると専門家ですらどのような技術が使われているかをすべて把握することは不可能でしょう。

図表17が示すように、テクノロジーのレベルはいまや平均的な人間の適応力を超えようとしています。

こうして、最先端のテクノロジーを開発する少数の知識層（その象徴がシリコンバレーの起業家）に莫大な富が集中する一方で、基礎的な技術を理解することはもちろん使いこなすことすら困難なひとたちが膨大に出てくることになりました。「デジタル難民」は高齢者だけでなく、最近ではスマホのフリック入力しかできない若者が増えて、キーボードが打てないために事務作業を任せられないという話も聞きます。

知識社会化・リベラル化・グローバル化

テクノロジー爆発によってとてつもなくゆたかな「知識社会」が到来すると、ひとびとは共同体のくびきから逃れ、一人ひとりの自由な意思によって自己実現を目指すようになります。これが「リベラル化」です。

「進化」したテクノロジーは、国境を越えたヒト、モノ、カネの移動を可能にします。これは「グローバル化」と呼ばれます。

このように、**「知識社会化」「リベラル化」「グローバル化」は三位一体の現象**です。

「世界はどんどん右傾化している」というひとがいます。トランプ大統領の誕生やブレグジットを決めたイギリスの国民投票などを見ればたしかにそう見えますが、その（おそらく）半分は、「知識社会化・リベラル化・グローバル化」への反動として理解できます。

1960年代末のフラワームーブメントのあと、アメリカでは1981年に保守派のロナルド・レーガンが大統領になり、「リベラルは敗北した」といわれました。

しかし、ネオコン（Neoconservative／新保守派）など保守主義者は「自由（リベラル）」の理念を否定したのではなく、家族の価値を破壊するフリーセックスや、人種間の「逆差別」を助長する極端なアファーマティブアクション（積極的差別是正措置）などを批判しただけでした。これがアメリカ大衆の支持を得たのは、ドラッグに溺れ、誰彼かまわずセックスし、大音量で卑猥な音楽（ロック）を流し、「コミューン」で乱痴気騒ぎを繰り広げるヒッピーたちの所業が目に余ったからでしょう。

1970年代以降の「右傾化」は**「反知性主義、保守化、排外主義」**のことですが、これは行き過ぎた「知識社会化、リベラル化、グローバル化」へのバックラッシュ（反動）なのです。

ヒッピーカルチャーの勝利

リベラルが「敗北」などしていないことは、スティーブ・ジョブズを見ればわかります。アップルを創業し、いったんは会社を追われたものの復活し、iPhoneでとてつもない成功を収めた起業家（アントレプレナー）としてあまりにも有名ですが、若いときのジョブズは袈裟《けさ》を着て裸足でキャンパスを歩き回る奇行で知られており、ゲーム会社で働きはじめたのも「自分さがし」でインドに行く旅費を稼ぐためでした。

ジョブズは精神世界（ニューエイジ）にどっぷり浸かったヒッピーそのものでしたが、

いまではそんな人物がシリコンバレーのヒーローになり、すい臓がんで亡くなったあとは、アメリカだけでなく世界でもっとも影響力のある偶像（アイコン）になりました。なぜなら、いまのシリコンバレーは１９６０年代のヒッピーカルチャーをそのまま引き継いでいるからです（池田純一『ウェブ×ソーシャル×アメリカ〈全球時代〉の構想力』講談社現代新書）。

ヒッピー的なライフスタイルを取り入れた若い富裕層（ニューリッチ）が「ボボズ（BOBOs）」で、「Bourgeois-Bohemian（ブルジョア・ボヘミアン）」の略語です。これはもともと、社会的な責任を逃れ享楽的に暮らすフランスの若いエリート（上級国民）を揶揄する言葉でしたが、アメリカのコラムニスト、デイヴィッド・ブルックスが西海岸に台頭する新しい富裕層の呼称に使いました。

１９８０年代のヤッピー（Yuppie）は"young urban professionals"の略で、ニューヨークなど大都市で金融機関に勤めたり、医師や弁護士として高給を稼ぐ若いエリートのことですが、ブランドもののスーツを着こなす東部のビジネスパーソンと異なり、西海岸の成功者たちはずっとボヘミアン（ヒッピー）的であることにブルックスは気づきます。

彼ら／彼女たちはジーンズにTシャツやパーカーといったカジュアルな服装を好み、会社（組織）に所属するのではなくフリーエージェントとして好きな仕事をし、高級なフレンチレストランではなく気の合った仲間と近所のしゃれたビストロでワインを飲み、休日は家族と自然のなかで過ごすことを好みます。ボボズたちは政治的にはリベラルで、トランプのような「ぎらぎらした金持ち」をこころの底から軽蔑し、テクノロジーによる「よりよい未来、よりよい世界（Better Future, Better World）」を信じています。

そんなボボズのライフスタイルが、いまや世界じゅうに広まりつつあります。**フラワーチルドレンの時代から半世紀が過ぎ、「ヒッピーカルチャーの勝利」はますます明らかになりつつあるのです。**

「絶望死」する白人たち

世界がどんどん「リベラル化」しているにもかかわらず「右傾化」しているように見えるもう半分の理由は、先進国を中心に「知識社会」に適応できないひとたちが増えているからです。

知識社会が高度化するにつれて、仕事に要求される知能のバー（ハードル）は上がっていきます。グローバル化が進めば、工場を人件費の安い新興国に移転したり、国内でも安い給料で熱心に働く移民を雇うことが容易になります。さらに、工場を機械化・ロボット化すれば、初期投資はかかるものの、人間の労働者とちがって1年365日、1日24時間作業させることもできます。

こうして、ブルーワーカーの仕事が徐々になくなっていきました。その影響がもっともはっきり表われたのが、シリコンバレーが「知識社会化」を牽引するアメリカです。

トランプを熱烈に支持するのは白人のブルーワーカーで、「プアホワイト」とか「ホワイトトラッシュ（白いゴミ）」などと呼ばれています。

世界的にもアメリカ全体でも平均寿命は延びつづけていますが、奇妙なことにアメリカの25～29歳の白人の死亡率は2000年以降、年率約2％のペースで上昇しています。50～54歳の白人ではこの傾向はさらに顕著で、なんと年率5％のペースで死亡率が上がっているのです。

なぜアメリカの白人だけが死んでいるのか。それは、白人のなかでも高卒以下のひとたちの死亡率が、全国平均のすくなくとも2倍以上のペースで上昇しているからです。

アメリカの低学歴層の白人の死亡率が高い主な原因はドラッグ、アルコール、自殺で、これは「絶望死（deaths of despair）」と呼ばれています。彼ら／彼女たちはアメリカの「見捨てられたひとびと」であり、トランプはそれを「発見」して熱狂的な支持者に変えたことで、世界でもっとも強大な権力を手にしたのです。

「とてつもないこと」が起きる世界

アメリカでは経済格差が極端に拡大していますが、その主要な理由は「強欲な資本主義」ではなく、たんに市場規模が大きいからです。

ここでは詳しくは説明しませんが、数学者のベノワ・マンデルブロは「世界の根本原理」がフラクタル（複雑系）であり、洪水や地震（地殻変動）から株式の値動き、宇宙（銀河団の配置）まで、あらゆるところでこの「根本原理」が支配していることを発見しました。フラクタルは「べキ分布」であり、富（資産）の分布も例外ではありません。

「べキ分布（複雑系）」は一般に「ロングテール」と呼ばれており、身長1メートルの多

図表18 ベキ分布

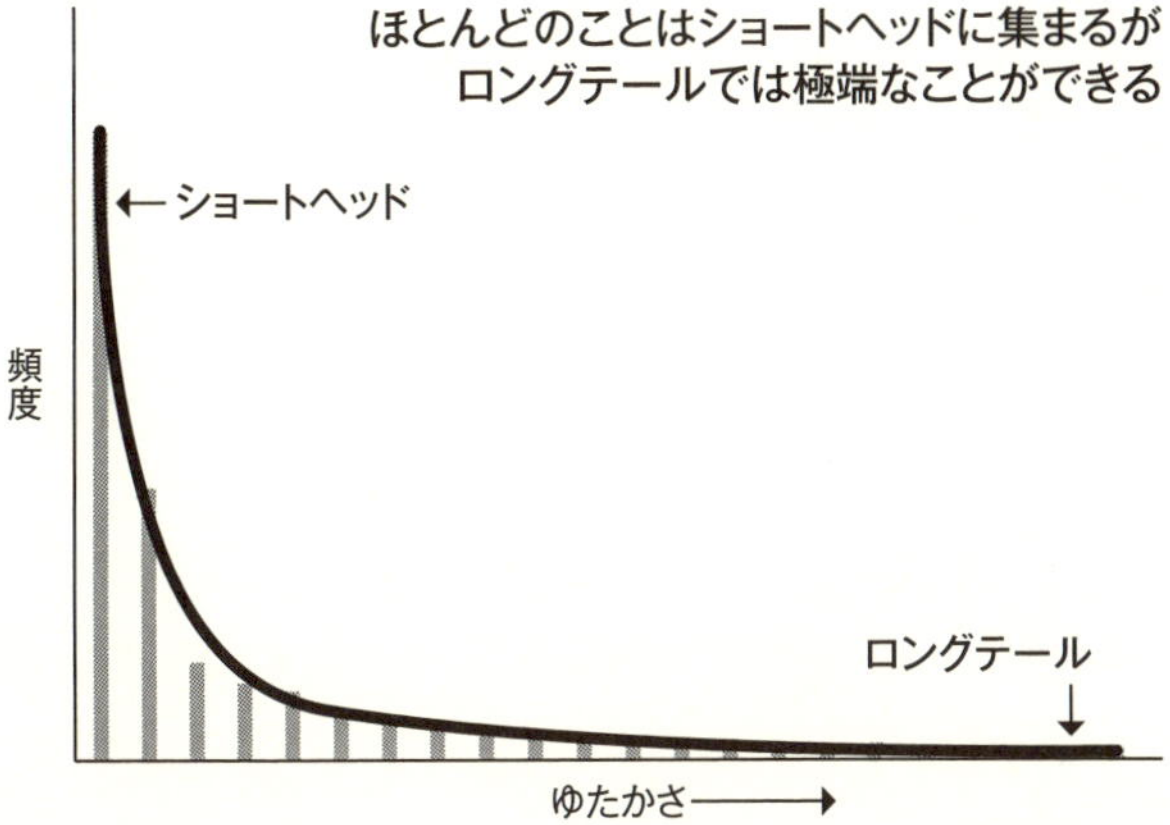

数の小人たちのあいだに身長10メートルや100メートルの巨人がいるような奇妙な世界です。

そこでは、ほとんどの事象は平均（ショートヘッド）のちかくに集まりますが、ロングテールでは予想もできないような「とてつもないこと」が起こります。その典型がインターネットで、大半のホームページは1日数十件からせいぜい数千件のアクセスですが、グーグルやヤフー!、フェイスブックのような一部のサイトがネットワークのハブとして膨大なアクセスを獲得しています。

複雑系では、ネットワークが大きくなることでハブとそれ以外のあいだで自然に「格差」が拡大していきます。羽田空港は国内最大のハブ空港で、世界の航空ネットワークの便数が増えることで地方空港との「発着便格差」はますます大きくなっています。しかしここに、なにかの「不正」が隠されているわけではありません。

複雑系は「世界の根本原理」なので例外はなく、資産にも当てはまります。市場全体の富が大きくなれば、なにひとつ「不正」なことが行なわれていなくても、自然と資産格差は拡大していきます。こうしてビル・ゲイツやジェフ・ベゾスのような10兆円を超えるとてつもない富を保有する超富裕層が登場しました。

これは強調しておかなくてはなりませんが、ネットワークの拡大における格差の広がりは「悪」ではなく、むしろ「よいこと」です。GAFA（グーグル、アップル、フェイスブック、アマゾン）のような「勝ち組」が牽引することで、インターネットはますます使いやすいものになり、（フェイクニュース問題で最近は批判されているとはいえ）すべてのユーザーが恩恵を受けています。

これと同様に、経済格差の拡大は世界の富が大きくなった結果なので、ごく一部の超富裕層だけでなく、膨大な数のひとたちがそこから利益を得ています。中国やインドはかつては世界の最貧国でしたが、わずか数十年でグローバル企業がいくつも誕生し、大きな中間層が形成されました。「グローバリズム」を批判するひとたちはぜったいに認めないでしょうが、**グローバル化によって数億人が貧困から脱出したことで、世界全体における不平等は急速に縮小しているのです**（ブランコ・ミラノヴィッチ『大不平等　エレファントカーブが予測する未来』みすず書房）。

ただし、ここには問題がひとつあります。世界が「全体として」ゆたかになった代償として、先進国の中間層が崩壊したのです。これが、私たちが体験していることです。

「中流崩壊」を予言した経済学者

ロバート・ライシュはクリントン政権で労働長官を務めたリベラル派の経済学者ですが、早くも1991年に、世界的ベストセラーとなった『ザ・ワーク・オブ・ネーションズ』（ダイヤモンド社）で「グローバル化」と「知識社会化」がアメリカの中流階級を崩壊させることを警告しました。

ライシュはこの本で、将来のアメリカ人の仕事は①ルーティン・プロダクション（定型的生産）サービス、②インパースン（対人）サービス、③シンボリック・アナリティック（シンボル分析的）サービスに分かれると予想しました。

ルーティン・プロダクション・サービスは工場労働などの「繰り返しの単純作業」で、伝統的なブルーカラーの仕事ですが、部下の仕事を繰り返し監視する仕事や、標準的な業務手順を遵守させる管理業務、定期的なデータ入力やデータ検索などバックオフィスの仕事も含まれます。

1990年当時、こうした仕事に従事するアメリカ人は被雇用者全体の25％程度でしたが、テクノロジーの進歩とグローバル化（新興国の低賃金労働者への置き換え）によってその割合は着実に減少していくとライシュは予測しました。

それから25年後の2014年に当時と同じ方法で調べたところ、ルーティン・プロダクション・サービスに従事するアメリカ人の割合は20％以下まで減っているばかりか、物価調整後の賃金の中央値は15％も減少していました。

インパースン・サービスは小売店の販売員、ホテルやレストランの従業員、介護施設の職員、不動産仲介業者、保育園のスタッフ、在宅医療従事者、フライトアテンダント、理学療法士、警備員など、「人間的な接触が欠かせないために人の手によってなされる仕事」のことです。

1990年時点でこうした仕事に就いているアメリカ人は約30％で、ライシュはその数が増加する一方、賃金は下がると予想しました。かつてルーティン・プロダクション・サービスで働いていたひとたち（主にブルーワーカー）がインパーソン・サービスでしか仕事を得られなくなるばかりか、移民の多くもこうした仕事に従事するからです（内なるグローバル化）。労働市場への参入者は増えますが、彼らはATMやコンピュータ制御のレジ、自動洗車機、自動販売機、自動給油機など省力化のテクノロジーとも競争しなければなりません。

2014年時点で「対人サービス」の仕事は米国全体の半分ちかくを占め、新たに創出された雇用の大半がこの職業区分に属していましたが、その賃金の中央値は物価調整後の数字で1990年の水準を下回っていました。ライシュが予想できなかったのはテクノロジーの急速な進歩で、ウーバーが登場してタクシー運転手と置き換わり、グーグルの自動運転車は450万人にのぼるタクシーやバス、トラックの運転手、清掃業従業員の雇用に深刻な脅威を与えています。

クリエイティブクラスの台頭

シンボリック・アナリティック・サービスは「問題解決や問題発見、データ、言語、音声、映像表現などのシンボルを操作する戦略的媒体」にかかわる仕事で、エンジニア、投資銀行家、法律家、経営コンサルタント、システムアナリスト、広告・マーケティングの専門家、ジャーナリストや映画製作者、大学教授などが属します。これらの仕事の本質は、「数学的アルゴリズム、法律論議、金融技法、科学の法則、強力な言葉やフレーズ、視覚パターン、心理学的洞察をはじめ、思考パズルを解くためのテクニックなどのさまざまな分析ツールや創造のためのツールを用いて抽象的なシンボルを再構築」することだとライシュはいいます。これを要約すれば「知的でクリエイティブな仕事」ということになるでしょう。

1990年、ライシュはシンボル分析の専門家が米国の被雇用者の20％を占めており、その割合も彼らの賃金も増えつづけると予想しました。

現実に起きたのは、ライシュの予想をはるかに上回る富の集中と格差の拡大でした。いまやアメリカでは、最富裕の上位400人が所有する富が下位50％の富の合計を上回り、上位1％が米国の個人資産の42％を所有しています。

下位50％の家計が所有する富の割合は1989年時点では3％でしたが、2014年時点では1％まで下落しました。1978年、上位0・01％の家計は総じて平均的家庭の220倍裕福でしたが、それが2012年には1120倍に達しています。物価調整後の数字で比較すると、フルタイムで働く労働者の週当たり賃金の中央値は2000年以降下落しており、時給の平均も40年前より低くなったのです。

勝利と同時に敗北

リベラリストとしてのライシュには、アメリカの善良な労働者を待ち構える暗い未来を見過ごすことはとうていできませんでしたが、しかしその一方で、経済学者であるライシュには、「移民を追い返せ」とか「自由貿易などやめてしまえ」などという乱暴な主張をすることは不可能でした。

『ザ・ワーク・オブ・ネーションズ』でライシュが提示した処方箋は、大企業や高所得者から税を徴収し、それを原資に公教育を立て直すことでした。グローバル化とテクノロジーの進歩でブルーワーカーの仕事がなくなり、サービス業の賃金が下がるのなら、先進国の労働者に残された道は「シンボリック・アナリティック・サービス」すなわちクリエイティブクラスの仲間入りをすることだけだからです。

ところがライシュの期待に反して、アメリカでは低所得の子どもと高所得の子どもの学力差は拡大する一方です。

１９８５年当時、家計資産上位10％の家庭の子どもと下位10％の子どもでＳＡＴ（大学進学適性試験）の平均点の差は８００満点中90点でしたが、２０１４年にはその差は１２５点に広がりました。先進国の生徒の学習到達度調査（ＰＩＳＡ）でも、参加63カ国中、所得別の数学力の差はアメリカがもっとも大きく、読解力では高所得世帯の子どもが低所得世帯の子どもを平均で１１０点も上回っています。

ライシュが案内人になってアメリカの経済格差に迫るドキュメンタリー映画『みんなのための資本論』（サンダンス映画祭審査員特別賞受賞）に、ある発電所で働く従業員向けにライシュが講演を頼まれたときのエピソードが出てきます。

当時、この発電所では従業員たちが労働組合をつくるかどうかを検討しているところでしたが、組合結成に反対票を投じようとしていた一人の若者が、自分はいまもらっている14ドルの時給が妥当で、それ以上もらえるような仕事はしていないといいだしたのです。

「何百万ドルも稼いでいる人たちは、本当に素晴らしいと言いたいです。自分も学校に通って、お金を稼げる頭脳があれば、そのぐらい稼げたのではないかと思うけど、自分は学校にも行かなかったし、頭も良くないので、肉体労働をやってるんです」

「自己実現」と「自己責任」の論理が徹底されたアメリカでは、10億ドルのボーナスを受け取る投資銀行のCEOにはそれだけの価値があり、時給14ドルの若者にはそれだけの価値しかないことを、当の貧しい若者が率先して受け入れるようになります。この事態に対して教育は無力なばかりか、経済格差をさらに拡大するようにはたらくのです。

30年前のすべての予想が現実化したことで経済学者としてのライシュは「勝利」しましたが、リベラリストとしてのライシュは徹底的に「敗北」したのです（ロバート・ライシュ『最後の資本主義』東洋経済新報社）。

「新上流階級」が集まる都市

チャールズ・マレーはライシュとは対極にある保守派の政治学者で、行動計量学者リチャード・ハーンスタインとの共著『The Bell Curve（ベルカーブ）』で白人と黒人のＩＱを比較して悪名を轟かせました。

この本で大きな非難を浴びたことに辟易したマレーは、次の単著である『階級「断絶」社会アメリカ　新上流と新下流の出現』（草思社）で、アメリカにおいてもっともやっかいな人種問題を回避するために分析の対象を白人に限定したうえで、ヨーロッパ系白人のなかで大学や大学院を卒業した知識層と、高校を中退した労働者層とで、その後の人生の軌跡がどのように異なるかを膨大な社会調査のデータから検証しました。

マレーはまず、アメリカでは認知能力の優れたひとたち（知識層）とそれ以外のひとたちが別々のコミュニティに暮らしていることを、郵便番号（ＺＩＰ）と世帯所得の統計調査から突きとめました。

アメリカ各地に、知識層の集まる「スーパーＺＩＰ」があります。このスーパーＺＩＰ

が全米でもっとも集積しているのがワシントン（特別区）で、それ以外ではニューヨーク、サンフランシスコ（シリコンバレー）に大きな集積があり、ロサンゼルスやボストンがそれにつづきます。

ワシントンに知識層が集まるのは、「政治」に特化した特殊な都市だからです。この街ではビジネスチャンスは、国家機関のスタッフやシンクタンクの研究員、コンサルタントやロビイストなど、きわめて高い知能と学歴を有するひとにしか手に入りません。

ニューヨークは国際金融の、シリコンバレーはＩＣＴ（情報通信産業）の中心で、（ビジネスの規模はそれより劣るものの）ロサンゼルスはエンタテインメントの、ボストンは教育産業の中心です。グローバル化によってアメリカの文化や芸術、技術やビジネスモデルが大きな影響力を持つようになったことで、グローバル化に適応した仕事に従事するひとたち（クリエイティブクラス）の収入が大きく増え、新しいタイプの富裕層が登場したのです。

マレーは、スーパーＺＩＰに暮らすひとたちを「新上流階級」と呼びます。彼らが同じコミュニティに集まる理由は、「わたしたちのようなひと」とつき合う方が楽しいからです。

新上流階級はマクドナルドのようなファストフード店には近づかず、アルコールはワインかクラフトビールでタバコは吸いません。アメリカでも新聞の購読者は減っていますが、新上流階級はニューヨークタイムズ（リベラル派）やウォールストリートジャーナル（保守派）に毎朝目を通し、『ニューヨーカー』や『エコノミスト』、場合によっては『ローリングストーン』などを定期購読しています。

彼ら／彼女たちは、基本的にあまりテレビを観ず、人気ランキング上位に入るようなトークラジオ（リスナーと電話でのトークを中心にした番組）も聴きません。休日の昼からカウチに腰をおろしてスポーツ番組を観て過ごすようなことはせず、休暇はラスベガスやディズニーランドではなく、バックパックを背負ってカナダや中米の大自然のなかで過ごします。――すでにおわかりのように、新上流階級はデイヴィッド・ブルックスが発見した「ボボズ」です。

アメリカでは民主党を支持するリベラル派（青いアメリカ）と、共和党を支持する保守派（赤いアメリカ）の分裂が問題になっていますが、新上流階級は、政治的信条の同じ労働者階級よりも政治的信条の異なる新上流階級と隣同士になることを好みます。ここまで一般のアメリカ人と趣味嗜好が異なると、いっしょにいても話が合わないのです。政治を抜きにするならば、彼らの趣味やライフスタイルはほとんど同じなのです。

「新下流階級」がふきだまる町

マレーは、アメリカ社会の建国の美徳として「結婚」「勤勉」「正直」「信仰」の4つを挙げます。これについては異論もあるでしょうが、円満な家庭を営み、日々仕事をし、地域のひとたちを信頼し、日曜には教会に通うひとは、孤独な一人暮らしをし、仕事がなく失業中で、犯罪に怯えて誰も信用せず、教会の活動からも足が遠のいているひとよりも幸福である可能性が高いことは間違いないでしょう。

そのうえでマレーは、認知能力において上位20％の新上流階級が暮らすベルモントと、下位30％の労働者階級が住むフィッシュタウンという架空の町を設定し、いずれの基準でもベルモントにはフィッシュタウンよりも圧倒的に高い割合で「幸福の条件」がそろっていることを示します。

もちろんマレーは、一人ひとりを取り上げて「知能が低いから幸福になれない」などといっているわけではありません。彼が指摘するのは、フィッシュタウンでは働く気がなかったり、薬物やアルコールに溺れたり、赤ん坊を置いて遊びに行くような問題行動をとる住人が急速に増えているという事実です。その割合が限界を超えると地域社会は重荷を背負えなくなり、コミュニティは崩壊して町全体が「新下流階級」へと落ちてしまうのです。

それに対して新上流階級ではこうした問題行動はごく少ない（あるいは排除されてしまう）ため、開拓時代からつづく〝古き良きアメリカ〟の健全なコミュニティを維持することがまだ可能です。

こうしてマレーは、格差社会における「強欲な1％」と「善良な99％」という構図を完膚なきまでに反転します。アメリカが分断された格差社会になったのは事実ですが、美徳は〝善良〟な99％ではなく〝強欲〟な1％のなかにかろうじて残されているというのです。

このように書いてもイメージできないでしょうから、現実のフィッシュタウン（善良な99％）を見てみましょう。ペンシルバニア州フィラデルフィアにある低所得地域で、住民のほとんどは白人です。

最初は、1980年代半ばに20歳だったジェニーの体験談。彼女は7人兄弟姉妹の1人で、父親の暴力のため両親は子どもの頃に離婚しています。

息子を産んだのは20歳のときです。19歳で妊娠して、20歳で産みました。早くに結婚した姉もちょうど妊娠していました。わたしは当時つき合っていた男性と結婚したくて、これで結婚できる、そして姉みたいになれると思ったのですが、うまくいきませんでした。そうしたら妹も妊娠して、姉妹3人がそろって妊婦になってしまって、それ自体は悪いことじゃありませんが、母は驚いてました。（後略）

次は、地元のカトリックの中学校に通う16歳の娘を持つ母親の話。

この4カ月で娘は6回もベビー・シャワー（妊娠した人のためのパーティー）に招かれました。（略）（娘が通っている学校には）52人も妊娠している女子生徒がいるんです。52人ですよ。ひどい話です。しかもそれ以外に、すでに子供を産んだ生徒もいるんですから。（略）誰もがみんなこうだから、もう誰が悪いともいえないし、いったいどうなってしまったんでしょう？　なぜこんなにたくさんの子供たちが妊娠するんでしょう？　わたしが学校に通っていたころも少しはいましたけど、でも1年にせいぜい4人でした。

マレーはこうした新下流階級の規模を、「生計を立てていない男性」「一人で子供を育てている母親たち」「孤立している人々」という3つの基準から、（控えめに見積もっても）30歳以上50歳未満の全白人の2割に達すると推測しています。

マレーがこの事実を発表したのは2012年です。**トランプ旋風が吹き荒れる4年前に、すでにその勝利は予見されていたのです。**

先進国では同じことが起きている

ここで日本のケースとして、元高校教諭・青砥恭さんの『ドキュメント高校中退』から、里沙という23歳の女性の物語を紹介しましょう。

子どもを抱いてニコニコしながら青砥さんの前に現われた里沙は、「元気で明るいお母さんだった」といいます。

里沙の両親はともに埼玉県出身で、父親は東京の工場で金型の作業をしており、母親は近くの工場の夜勤のパートでした。高校に入った頃にはすでに両親は別居していて、高校2年の頃に離婚が成立し、その後は母のパートの収入で妹も入れた家族3人がなんとか生活していたといいます。

里沙が入学した高校は地域の最底辺校で、バイトが忙しくて2年の1学期の途中から学校に行かなくなりました。その頃には、同じ年に入学した同級生の半分はいなくなっていました。

里沙がはじめて性交渉を持ったのは高1のときで、相手は25歳のファミレスのバイト仲間でした。それから1年間、大学生の男友だちの家に泊まって、そこから学校に行く生活になりました。

高校3年になって里沙は妊娠します。子どもの父親は当時30歳くらいの男で、その男には別に子どもが1人いたらしく、つき合ったのは3カ月にも満たない期間でした。別れるときにケータイのアドレスを消したため、いまでは連絡先もわからないといいます。別れたあとで妊娠に気づいたが連絡もしていないし、する気もありません。養育費ももらおうと思っていないし、もらいたくない。何より、子どもの父親だと思いたくないのだといいます。

そんな男が父親でも、高校を中退して子どもを産むことを決めたのは、前にいちど中絶しているからです。出産費用は母親が市からもらってなんとかなりました。

里沙の妹はまだ20歳ですがすでに2歳の子どもがいます。里沙と同じ高校の1年のときに形だけ結婚したものの、2カ月後には離婚したのです。相手は高校の同級生で、妹も妊娠を機に中退することになりました。今はパチンコ屋でバイトしていて、収入は月16万円ほどです。

里沙の家族は母親と20代の母親の彼氏、妹とその子ども、里沙の子どもの6人暮らしです。彼氏と母親はママさんバレーで知り合ったらしく、母親はいまだに子どもを産みたがっています。

里沙と妹は児童扶養手当をもらっており、母親と妹が働いていますが世帯収入は家族6

人で30万円に届きません。だから年金、保険、ケータイなど毎月の支払いが滞っています。高校中退だと仕事を探すのは難しいため、里沙は定時制高校に行って就職もしたいと思っています。

「お母さんと娘二人がシングルマザー。これから二人で大丈夫？」青砥さんがそう訊くと、里沙はこたえました。

「不安はあります。だけど今は深刻さはないです。精一杯です。ただ仕事は早くしなくてはと思っています」

先進国では、どこも同じことが起きているのです。

アメリカ社会の分裂

「リベラル化」の大潮流のなかで、アメリカでは「白人至上主義者」が「自分たちは人種主義（レイシズム）の犠牲者だ」と主張するようになりました。中産階級から脱落しかけている白人ブルーワーカーの自己像は、東部や西海岸のエリートからバカにされ、アファーマティブアクションによって黒人などから「抜け駆け」されている〝被害者〟なのです。

――ヨーロッパも同じで、排外主義の政党・政治家に票を投じる白人は、押し寄せる移民によって自分たちの仕事や権利が奪われるのではないかと怯えています。

こうして、マジョリティである白人がアッパークラス（上層階級）とアンダークラス（下層階級）に分裂することになります。しかしアメリカでは、白人は歴史的に黒人を差別してきた「原罪」があるとされるため、アンダークラスの白人は誰からも同情されません。まさに「見捨てられたひとびと」です。

政治信条（党派性）によって分断されたアメリカの構図を示したが図表19です。アメリカの白人は、大きく「リベラル」と「プアホワイト」に分かれます。

東部（ニューヨーク、ボストン）や西海岸（ロサンゼルス、サンフランシスコ）などの「クリエイティブ都市」に住むリベラルな白人は、金融、教育、メディア、ＩＴ関係などの高収入の仕事につき、黒人やヒスパニックなどのマイノリティを支援する民主党の政策を支持しています。

プアホワイトやホワイトトラッシュと呼ばれる白人たちは、倒産した工場が放置されるラストベルト（錆びた地帯）に吹きだまり、仕事を失い、アルコール、ドラッグ、自殺で

「絶望死」しています。彼らはアファーマティブアクションによって黒人が不当に優遇され、自分たちがアメリカ社会の最底辺に追いやられたと考えているのです。

　仕事も家族・友人もなにもかも失った彼らには、自分が「白人」であるという以外に誇るものがありません。これが「白人至上主義」と呼ばれるのですが、正しくは「白人アイデンティティ主義」です。

　アイデンティティは「自己同一性」などと訳されますが、徹底的に社会的な動物であるヒトにとって、「私」は社会のなかに埋め込まれています。何百万年もつづいた旧石器時代の狩猟採集社会において、共同体からの追放はすなわち死を意味しました。アイデンティティは「社会的な私」の核心にあるもので、それを失うことは現代にお

図表19 アメリカ社会の構図

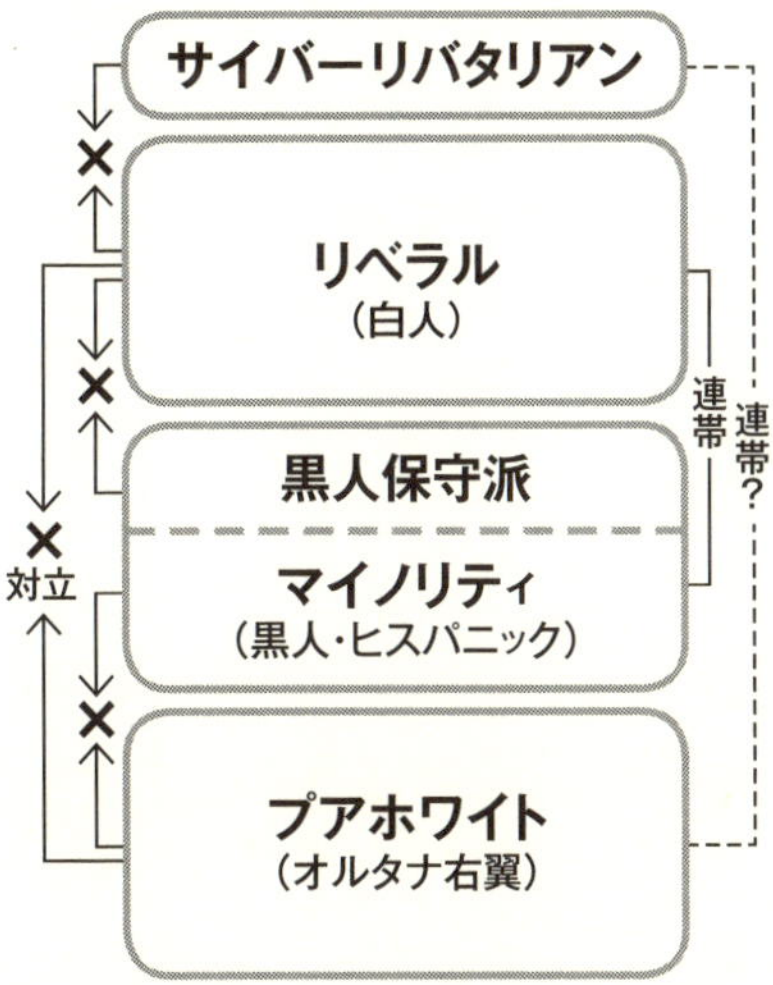

いてすらとてつもない恐怖です。だからこそプアホワイトは、「白人」という最後に残されたたったひとつのアイデンティティにしがみつくのです。

白人リベラルは、「自分たちは黒人を差別していない」と思っています。しかし、アメリカ社会には厳然と人種差別があります。

そうなると、「誰が黒人を差別しているのか」が問題になります。自分たち（白人リベラル）でないとすれば、残されたのは頑迷で愚かなプアホワイトしかいません。これが、トランプ支持の白人が民主党支持の白人リベラルをはげしく憎悪する理由です。

白人はアメリカ社会のマジョリティですが、プアホワイトは意識のうえでは「マイノリティ（弱者）」であり「被害者」なのです。こうしてアメリカ社会は、「上級国民（白人リベラル）」と「下級国民（プアホワイト）」の分断によって収拾のつかない政治的混乱に放り込まれることになりました。

オルタナ右翼と呼ばれるポピュリストの言論人（思想リーダー）は、フェイクニュースを都合よく交えて彼らのルサンチマンをひきつけます。これがトランプ支持者の「岩盤」で、どのようなスキャンダルでも支持率は一定以下には落ちません。

「黒人保守派」とは何者か?

アメリカは、白人のあいだで「リベラル」と「プアホワイト」が対立すると同時に、アファーマティブアクションをめぐって「マイノリティ（黒人）」と「プアホワイト」が対立しています。当然、アファーマティブアクションの恩恵を受ける黒人は民主党（リベラル）を強く支持することになります。

ところがそのマイノリティのなかに「黒人保守派」と呼ばれる知識人層がいて、リベラルをはげしく批判しています。経済学者のトマス・ソーウェルや文芸評論家のシェルビー・スティールが有名で、黒人の市民運動家などから「アンクル・トム（白人に媚を売る黒人）」の蔑称で毛嫌いされています（その代わり白人層からはものすごく人気があります）。

日本では誤解されていますが、黒人保守派は白人におもねっているのではなく、黒人エリートの利益を代弁しています。

アファーマティブアクションでは、マイノリティは大学などの進学で優遇措置を受けることができます。これは、白人や（優遇措置の対象外とされている）アジア系よりも低い点数で医学大学に入学し、医者になれるということです。

あなたがこのことを知っているとして（アメリカでは誰でも知っています）、自分の子どもが重篤な病気にかかったとき、黒人の医師に診てもらおうとするでしょうか――。

アメリカではこうして、黒人の患者ですら黒人の医師を避けるようになりました。これは、アファーマティブアクションの恩恵を被らず、実力で医師になった黒人からすれば災厄以外のなにものでもありません。黒人保守派は、医師だけでなく法律家や会計士など、あらゆる専門職でこうした「差別」が起きているとして、黒人に対するすべての優遇措置の廃止を求めているのです。

裕福なサイバーリバタリアン

サイバーリバタリアンの多くはシリコンバレーの起業家・投資家やエンジニアで、経済的にはリベラルよりさらに裕福でプアホワイトとはなんの共通点もありませんが、「政治的正しさ」ではなく「科学（テクノロジー）」を優先することでしばしばリベラルと対立します。

トランプ支持のサイバーリバタリアンの代表がピーター・ティールで、電気自動車のテスラを率いるイーロン・マスクとともに手掛けた金融ベンチャーで大富豪になり、フェイスブック創業期にその可能性に気づいて投資したことで伝説をつくりました。

そのティールはロナルド・レーガン大統領の反共主義を支持し、スタンフォード大学時代には、全米のアカデミズムを席巻していたマルチカルチュラリズム（文化相対主義）に反発して保守派の学生新聞『スタンフォード・レビュー』を創刊しています。

アメリカには、「男と女は生殖器以外まったく同じ」「白人・黒人・アジア系は肌の色以外なんのちがいもない（あってはならない）」「知能に生得的なちがいなどなく、どんな子どもでも正しい「教育」さえ受けられれば一流大学（ハーバードやスタンフォード）に入学できる」と大真面目に主張する過激なリベラルが（たくさん）おり、最近では「レフト」とか「ラディカルレフト」と呼ばれています。ティールは、こうしたレフトの主張に歯に衣着せぬ批判を浴びせています。進化はリベラルの価値観に従ってサピエンスを「設計」したわけではないからです。

すると、「敵の敵は味方」の論理で、サイバーリバタリアンとプアホワイトのあいだに連帯感のようなものが生まれます。「オルタナ右翼」は「白人至上主義のイデオローグ」とされますが、「リバタリアン（進化論者）の理論で武装した右翼」のことです。

党派（政治信条）別の社会調査では、リバタリアンはリベラルよりさらに高学歴で所得が高いことがわかっています。グローバル経済の究極の「勝ち組」であるサイバーリバタリアンと、「負け組」の典型であるプアホワイトが手を組むという奇妙な光景がアメリカでは繰り広げられているのです。

ピーター・ティールは著書『ゼロ・トゥ・ワン』（NHK出版）で、「ダーウィン主義はほかの文脈では筋の通った理論かもしれないけれど、スタートアップにおいてはインテリジェント・デザインこそが最適だ」と述べています。

進化論を神の教えに反するとして拒絶するキリスト教原理主義者は、学校で「（聖書にもとづく）正しい歴史」を教えるために、〝神〟を背景に隠し、「宇宙や自然界の神秘は科学だけでは説明できず、知性ある（インテリジェントな）なにかによってデザインされた」と主張しています。

ティールは反理性的なこの信念を、インテリジェントすなわち〝神〟から特別な才能を与えられた者たち（ギフテッド）が、テクノロジーのちからによって世界を「デザイン」するのだと読みかえます。これがティールのいう「インテリジェント・デザイン」であり、彼の思想の（危険な）本質が見事に現われています。

「サイファーパンク」「クリプト（暗号）アナキスト」とも呼ばれる「知能至上主義者」たちが、仕事を失い中流から脱落しつつあるトランプ支持の「プアホワイト」の陰謀論者たちを引き連れ、ＰＣのきれいごとをまき散らす「エリート主義」のリベラルと敵対する。

この異様な構図が知識社会の深い「闇（ダーク）」を象徴しているのです（木澤佐登志『ダークウェブ・アンダーグラウンド』イースト・プレス）。

ヤンキーとエリート

サイバーリバタリアン（勝ち組）とプアホワイト（負け組）が手を組むのは「敵の敵は味方（リベラルへの憎悪）」だからだと述べましたが、ここで追記しておくと、私自身はこの説明に釈然としないものを感じていました。両者はたんなる打算だけでなく、心情的にも共感しているように見えるからです。――ティールはトランプ支持者の集会で演説し、自分がゲイであることをカミングアウトしましたが、大歓声で迎えられました。

社会学者の片岡えみさんは、「誰が教師を信頼しているのか「モンスター・ペアレント」言説の検証と教師への信頼」という論文で、「自己中心的な親ほど学校や教師に無理難題を要求する」という通説を検証しています。ここでいう「自己中心的」とは、「他人に迷惑をかけなければ、なにをしようと個人の自由だ」という価値観で、日本では「自己責任の論理」と批判されますが、欧米では「自由主義」の大原則でリバタリアンの多くはこのように考えます。

図表20は性別と学歴によって自由主義的な価値観がどれほど支持されているかを示したものです。

「自由主義者」は女性では中卒がもっとも多く、学歴が高くなるにしたがって少なくなっていく傾向がはっきりと見られます。興味深いのは男性で、中卒（36・6%）から専門学校卒（17・2%）までは比率が下がりますが、そこから逆転し大学院では26・8%と高卒よりも高くなるのです。

図表20 性別と学歴による「自由主義的価値観」のちがい

「他人に迷惑をかけなければ、何をしようと個人の自由だ」に
「そう思う」+「ややそう思う」と回答した者の合計

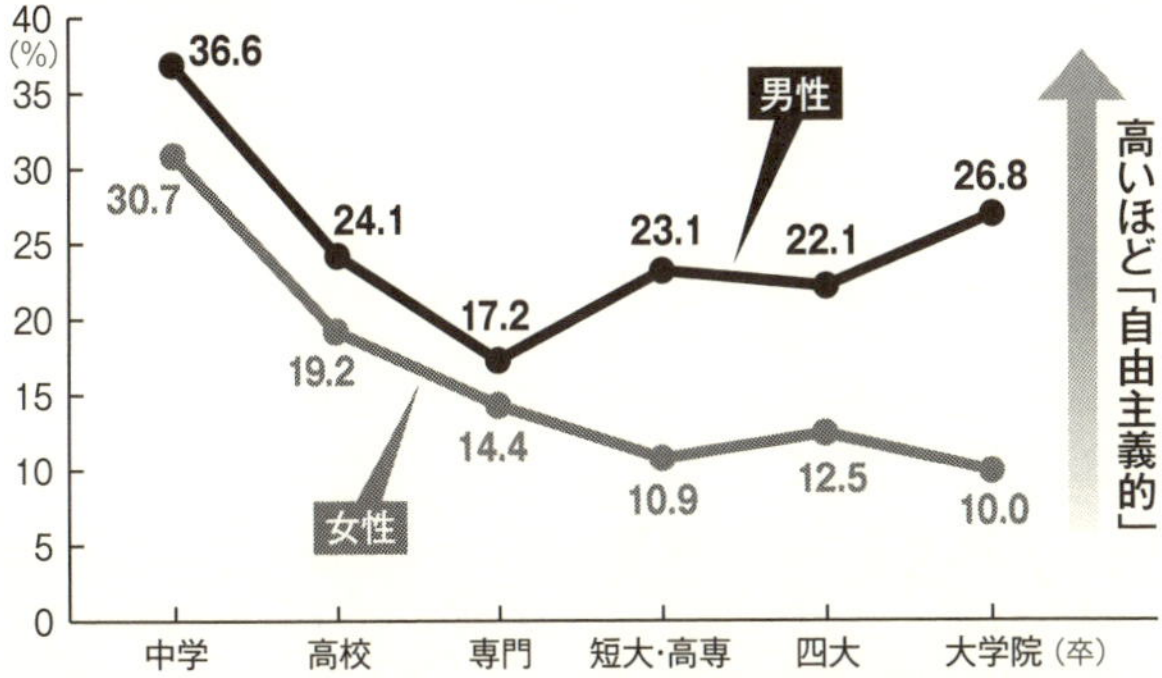

片岡えみ「誰が教師を信頼しているのか」より

ここからわかるのは、男性においては、中卒・高卒の低学歴層と、大学・大学院卒の高学歴層が、自由主義（他人に迷惑をかけなければ、なにをしようと個人の自由だ）の価値観を共有しているということです。

これは日本だけのことではなく、アメリカ人の政治的・道徳的態度を調査した社会心理学者のジョナサン・ハイトも、「リバタリアンは、他のほとんどすべての関心を脇に置いてでも自由を擁護する」として、これが共和党（保守主義者）と手を組んできた理由だと指摘しています（『社会はなぜ左と右にわかれるのか――対立を超えるための道徳心理学』紀伊國屋書店）。

「自分の好きなように生きる」という人生観において、ヤンキーとエリートはよく似ているのです。

「ヤフコメ民」はなにに怒っているのか？

ヤフー！ニュースには、毎日、300社程度の媒体から配信される4000本以上の記事に対して10万件単位のコメントが投稿され、1000万単位の閲覧者によるページ閲覧数は億単位に達します。ヤフー！のニュース記事に対するコメントは「ヤフコメ」、コメント投稿者は「ヤフコメ民」と呼ばれています。

文化人類学者の木村忠正さんは、ヤフー！ニュースの協力により、「国内」「国際」などのハードニュースに投稿される膨大なコメント（ヤフコメ）を分析しました（『ハイブリッド・エスノグラフィー　NC（ネットワークコミュニケーション）研究の質的方法と実践』新曜社）。

木村さんによると、「ヤフコメ民」をコメント投稿へと動機づけるのは、（彼らのモラルに照らして）「理不尽」な感覚、ある種の「正義感」と、「マスコミへの批判的態度」だといいます。さらに、「気持ち」という名詞が「悪い」という形容詞と強く結びついていることから、「「ヤフコメ」は、何かに対して「気持ち悪さ」を感じていることを表出する傾向がある」とされます。

「ヤフコメ民」の投稿行動を、木村さんは以下の５つにまとめています。

①　韓国、中国に対する憤り
②　被害者が不利益を被ること（加害者が権利保護を受けること）への憤り
③　近隣諸国を外集団とし、「日本」に社会的アイデンティティを求め、内集団意識を明確化、強化したいという強いベクトル
④　社会的規範を尊重しないことへの憤り
⑤　マスコミに対する批判

「ヤフコメ」の特徴は「嫌韓・反中」や「反日・売国奴」への批判・攻撃などですが、これらは「理性より直観的情動と考えた方が適切である」とされます。「ヤフコメ」の底流

には「内集団」「権威」「公正（因果応報）」の道徳的基盤が強くはたらいているのです。

こうした気分（道徳感情）によって形成されるネット世論を、木村さんは**「非マイノリティポリティクス」**と名づけました。

「非マイノリティ」とは要するに「マジョリティ」のことですが、「マジョリティ」としてじゅうぶんな利益を享受していないと感じているひとびとのことを指します。その特徴は「生活保護」「ベビーカー」「少年法（未成年の保護）」「LGBT」「沖縄」「中韓」「障がい者」など少数派への批判的視線・非寛容で、マイノリティの人権についての主張を「弱者利権」「被害者ビジネス」と見なし、権利や賠償を勝ち取る行為としてとらえているというのです。

これはまさに私のいう「マジョリティのアンダークラス」のことで、彼らが「下級国民意識」を持つようになるのは当然です。

アメリカでも日本でも、おそらくは世界じゅうで「主流派（マジョリティ）」の分断が進んでいます。なぜなら、すべての社会が「知識社会化・リベラリ化・グローバル化」の強大な圧力を受けており、そこから膨大な数のひとたちがこぼれ落ちていくのですから。

エニウェア族とサムウェア族

リバタリアンと保守主義者の政治的意見が似ているとしても、それ以外のことでは両者のライフスタイルはまったくちがいます。チャールズ・マレーが発見したように、高学歴の富裕層であるリバタリアンはリベラルと同じ「ボボズ」であり、プアホワイトと同席したとしてもほとんど会話が成立しないでしょう。

リバタリアンもリベラルも、「知識社会化」と「グローバル化」に適応したエリートです。「白人」であることに過剰なアイデンティティを持っていませんから、自由主義者として、異なる人種や外国人にも、LGBTなどのマイノリティにも寛容です（「あなたの好きに生きればいいでしょ」と思っています）。

こうして、先進国のマジョリティは2つの階層に分断されます。イギリスのジャーナリスト、デイヴィッド・グッドハートはこれを「エニウェア族（Anywhere）」と「サムウェア族（Somewhere）」と名づけました。

エニウェア族は、仕事があればどこにでも移動して生活できるひとびとです。地元を離れて大学に進学し、そのまま都市の専門職に就き、進歩的な価値観を身につけ、成果主義や能力主義に適応しています。グローバル化や欧州統合に賛成し、移民の受け入れや同性婚にも寛容です。

一方、サムウェア族は、中学・高校を出て地元で就職・結婚して子どもを育てているひとたちです。個人の権利より地域社会の秩序を重視し、宗教や伝統的な権威を尊重する「ふつうのひとびと」だとされます。

イギリスのブレグジットによって明らかになったエニウェア族とサムウェア族の分断は、現代社会が人種や民族、宗教によって分断されているわけではないことを示しています。チャールズ・マレーも、アメリカ社会は白人と黒人の人種対立ではなく、白人社会のなかでベルモント（新上流階級）とフィッシュタウン（新下流階級）に分断されていると論じました。

なぜ同じような構図がどこにでも出てくるのか。その理由はもはや説明するまでもないでしょう。

知識社会では、ひとびとは「知能」によって分断されるのです。

リバタニアとドメスティックス

私は、エニウェア族（新上流階級）を「リバタニア」、サムウェア族（新下流階級）を「ドメスティックス」と呼んでいます。

国境をまたいで働くボボズは複数のアイデンティティを持っており、「白人」や「黒人」、「キリスト教」や「イスラーム」などひとつのアイデンティティに過剰にこだわることを嫌います。彼ら／彼女たちは「アイデンティティ主義者」とは価値観が合いませんから、国境を越えた仮想コミュニティを自分たちでつくるようになります。これが「リバタニア」です。

アメリカの白人リベラルは、国内の白人アイデンティティ主義者（ドメスティックス）より、イギリスやカナダ、オーストラリアなど英語圏のリベラルに強い親近感を持つでしょう。

東アジアでは、「日本人」「韓国人」「中国人」などのナショナル・アイデンティティを誇示するひとたちが増えています。自分が「日本人」であるという以外に誇るものがないひとたちが「日本人アイデンティティ主義者」で、「嫌韓・反中」の「ネトウヨ」です。同様に、韓国には「韓国人アイデンティティ主義者」が、中国には「中国人アイデンティティ主義者」がおり、ネット上でさかんに「反日」を煽っています。

彼らは互いに憎み合っていますが、ナショナリズム（国）に過剰にこだわる点でとてもよく似ています。

その一方で東アジアにもリバタニアは広がっており、グローバル企業で働く日本人は、国内の「ネトウヨ（ドメスティックス）」よりも韓国や中国のリベラルなビジネスパーソンに親近感を抱くでしょう。同様に、韓国や中国のリベラルも、国内のドメスティックスより日本のリベラルに自分たちは近いと感じるはずです。

このようにして、「知識社会化・リベラル化・グローバル化」の大潮流のなかで、「リバタニア」というグローバルなリベラル（自由主義者）の仮想共同体と、国や人種・民族、宗教ごとに分断された多くの「ドメスティックス」が生まれつつあります。

こうした状況がもっとも先鋭化しているのがアメリカですが、私は、2020年にトランプが再選されれば、アメリカの「リバタニア」の住人たちは自分たちの社会に興味を失うのではないかと思っています。「アイデンティティの衝突」につき合っていてもなにひとついいことはないばかりか、不愉快な思いをするだけですから。――同様にイギリスでは、「リバタニア」の住人たちはEU離脱派の「ドメスティックス」を同胞とは思わなくなるでしょう。

そうなれば、リベラルは都市郊外の高級住宅地にひきこもり、インターネットのヴァーチャル空間でグローバルな「リバタニア」とつながり、国境を自由に越えてビジネスしたりバカンスを楽しんだりするようになるでしょう。「ボボズ（リベラル）」たちが現実世界から撤退しはじめるのです。

アメリカやイギリスだけでなく、「黄色ベストデモ」の乱行にうんざりしているフランスでも、右と左のポピュリスト政党が連立政権をつくったイタリアでも、いずれ同じことが起きるでしょう。もちろん日本も例外ではありません。

これこそが、私たちが体験している「リベラル化する世界の分断」なのです。

エピローグ　知識社会の終わり

アイデンティティは「社会的な私」の核心にあるもので、徹底的に社会的な動物であるヒトにとって、それを否定されることは身体的な攻撃と同じ恐怖や痛みをもたらします。

アイデンティティ（共同体への帰属意識）は、「俺たち」と「奴ら」を弁別する指標でもあります。それに最適なのは、**「自分は最初から持っていて、相手がそれを手に入れることがぜったいに不可能なもの」**でしょう。黒人やアジア系は、どんなに努力しても「白い肌」を持つことはできません。これが、中流の崩壊とともにアメリカの貧しい白人たちのあいだで「白人アイデンティティ主義」が急速に広まっている理由です。彼らは「人種差別主義者」というより、「自分が白人であるということ以外に誇るもののないひとたたち」です。

同様に「男であること」は、（性転換しないかぎり）女性が自分と同じになれないことからアイデンティティ化し、「女性嫌悪（ミソジニー）」の差別意識を生み出します。これが、「白人至上主義者」と「男性優越主義者」がとてもよく似ている理由でしょう。

変更可能なアイデンティティもありますが、それは別のやっかいな問題を生み出します。ムスリム（イスラーム教徒）になるには「アッラーのほかに神はなし」と宣言すればいいだけですが、だからこそIS（イスラム国）のような原理主義者は、「ほんとうのイスラーム（俺たち）」と「にせもののイスラーム（奴ら）」を区別しようと過激化します。

日本で「ネトウヨ」と呼ばれるのは「自分が日本人であるということ以外に誇るもののない」愛国原理主義者のことですが、人種とちがって国籍は変更可能です。だからこそ彼らは、意に沿わない者たちを「在日認定」して「日本人でないもの（奴ら）」の側に排除し、帰化して「日本人（俺たち）」にならないよう外国人（地方）参政権に強硬に反対し、「朝鮮半島にたたき出せ」と叫ぶのです。

世界を「俺たち（善）」と「奴ら（悪）」に分割し、善悪二元論で理解しようとするのは、それがいちばんわかりやすいからです。古代ギリシアの叙事詩からハリウッド映画まで、人類はえんえんと善が悪を征伐する物語を紡いできました。世界を複雑なものとして受け入れることや、自分たちが「悪」で相手が「善」かもしれない可能性を疑うことは、この単純な世界観をはげしく動揺させるのです。

現代社会を蝕《むしば》む病は、脆弱なアイデンティティしか持てなくなったひとたちがますます増えていることです。彼らは名目上はマジョリティですが意識のうえでは「社会的弱者」で、だからこそ自分より弱いマイノリティにはげしい憎悪を向けます。

なぜ世界じゅうのあらゆる場所でアイデンティティが不安定化し、憎悪がぶつかり合うのでしょうか。それはよくいわれるように「格差」が拡大しているからであり、社会が「分断」されているからですが、その原因は「ネオリベ化」や「グローバリストの陰謀」ではありません。

私たちが暮らす「後期近代」のとてつもなくゆたかな世界が、知識社会化・リベラル化・グローバル化の「三位一体」の巨大な潮流を生み出し、その勢いはますます強まっています。——この「とてつもない変化」が、先進諸国で同時多発的に同じような「問題」

を引き起こしているのです。

ポピュリズムは「知識社会への抵抗運動」

ヒトは長い進化の過程でさまざまな能力を獲得してきましたが、産業革命以降の知識社会とは、そのなかで論理・数学的能力と言語運用能力を持つ者が富と名声を独占する人類史上きわめて異常な社会です。遺伝子はとうていこんな急激な環境の変化に対応できませんから、「とてつもなくゆたかで自由な社会」からこぼれ落ちていくひとたちが出てくるのは避けられないことです。

知識社会とは定義上、高い知能を持つ者が大きな優位性を持つ社会です。知識社会における経済格差とは、「知能の格差」の別の名前でしかありません。

知能の生得的なちがいは現代社会における最大のタブーで、これまでずっと「言ってはいけない」とされてきましたが、世界じゅうでポピュリズムが台頭するに及んでいよいよこの問題から目を背けることができなくなりました。トランプ現象にせよ、イギリスのブレグジットにせよ、**ポピュリズムとは「下級国民による知識社会への抵抗運動」**だからです。

だったら、この困難な問題を解決するためにどうすればいいのでしょうか。

私に妙案があるわけではありませんが、ひとつだけ間違いないのは、「マルチチュード（連帯しない群衆）」とか「左派ポピュリズム」とかの「希望」にはなんの価値もないことです。

「マルチチュード」の典型が、黄色いベストをシンボルにしたフランスの反政権デモの参加者たちです。「ネオリベ的なマクロン政権の緊縮政策に反対する」という「大義」はあるものの、デモの参加者は団体ではなく個人で集まり、集団を率いるリーダーもいません。そのためフランス政府は、抗議する側と「対話」することもできず対応に苦慮しています。まさに「液状化」する後期近代を象徴する光景です。

デモ参加者に紛れ込んで破壊活動を行なっているのが「ブラック・ブロック」と呼ばれるアナキスト集団です。彼らも特定の組織に属しているわけでなく、警官隊との衝突が予想される場面に出没して火炎瓶や投石などの暴力行為を行ない、老舗カフェや高級ブランドショップを破壊・放火しています。

日本の新聞記者が、黄色いベストを着ていた20代のデモ参加者に「ブラック・ブロック」についての意見を聞いたところ、「自分で責任が取れるなら好きにしたらいいんじゃないか」とのこたえが返ってきたそうです（日本経済新聞２０１９年4月7日「パリを燃やした無政府主義者」）。これも、「再帰的近代」が「自己責任」を核にしていることをよく表わしています。

これが「左派ポピュリズム」だとすれば、そんなものにどんな「希望」があるというのでしょう。

サイバーリバタリアン「右派」と「左派」

「よりよい世界」「よりよい未来」を目指す20世紀の革命運動が無残な結末を招いたあと、残された希望は「テクノロジーによる設計主義」だけだと私は考えています。テクノロジーの性能は指数関数的に向上しており、この数年のあいだに、ＡＩ（人工知能）やブロックチェーン、ゲノム編集（クリスパー）のような誰も想像すらできなかったイノベーションが次々と登場してきました。

だとしたら、現代社会が抱える難問を解決する新たなテクノロジーが明日にでも開発されてもなんの不思議もない。――このように考えるのが、シリコンバレーを本拠地とするサイバー（テクノロジー）リバタリアンです。

私はこうした「設計主義」を、大きく「右派」と「左派」に分けています。

「自由」を尊重するサイバーリバタリアン右派は、個人に「正しい選択」を強制するのではなく、よりより生活習慣にナッジしていく（そっと肘で押す）政策を提言しています。

理論的な基礎となるのはダニエル・カーネマンとエイモス・トベルスキーが創始した行動経済学で、さまざまな心理実験によって、私たちは「合理的経済人（エコン）」ではなく不合理な選択をする「人間（ヒューマン）」であることを明らかにしました。2017年にノーベル経済学賞を受賞したリチャード・セイラーは、法学者のキャス・サンスティーンとともに、このバイアスを逆に利用することで正しい選択に誘導するさまざまな手法を提言しています。――「初期設定を変えるのを躊躇《ちゅうちょ》する」というバイアスを使った、昇給とともに積立額が自動的に増えていく企業年金などがよく知られています。

「ひとびとが無意識のうちに合理的な行動をするよう環境を最適設計すればいい」という

サイバーリバタリアン右派のナッジは、「おせっかいな自由主義」とも呼ばれています。徴税・再分配という国家の〝暴力〟を最小限にして、個人の自由な選択（たとえ誘導されたものであっても）を尊重しているからです。

しかしこれは漸進主義であって、「問題」を一気に解決することはできません。「ナッジ」しているあいだにも、知識社会から多くのひとたちがこぼれ落ちていってしまいます。やらないよりはマシでしょうが、小さな改良をどれほど積み重ねても巨大な社会の分断を修復することなどできそうもありません。

こうして「理想主義者」であるサイバーリバタリアン左派は、一発逆転の満塁ホームランを夢見るようになります。それが、すべての国民に「健康で文化的な生活」を保障するだけの資金を給付するユニバーサル・ベーシックインカム（ＵＢＩ）です。

ベーシックインカムはなぜ破綻するのか？

ユニバーサル・ベーシックインカムを私は原理的に不可能だと思っていますが、それは財源がないからではありません。これについては多くの議論があり、ＡＩを搭載したロボットがあらゆる仕事を代替する近未来では、ロボットから徴収した税金を分配すればいいのかもしれません。

私が危惧するのは、仮にそんな「ユートピア」が到来しても、そこは人類の歴史上もっともグロテスクな「排外主義国家」になるほかないことです。

世界銀行のレポートによれば、世界には1日1・9ドル（約210円）以下で暮らす貧困層が7億3600万人います（2015年）。年収に換算すれば、わずか8万円以下にしかならないひとたちです。

そんななかで、日本がベーシックインカムを導入して、「日本人」であれば無条件に月額20万円が支給されるようになったとしましょう。年収240万円ですから、「左派」は「こんなはした金では『健康で文化的な生活』などできない」と反発するかもしれませんが、それでも世界の貧困層から見れば夢のような金額です。

現在の日本の法律では、日本人の親から生まれた子どもは無条件に「日本人」と認められます。日本人の男性が海外で婚姻した場合は、妻は帰化の手続きをとらなければ「日本人」になれませんが、子どもは出生届を現地の大使館・領事館に提出するだけで日本国籍が付与されます。

アフリカなどの新興国では、10代から30代までのあいだに10人前後の子どもを産む女性は珍しくありません。そんな女性が日本人の男と結婚し、子どもを1人産むと月額20万円のベーシックインカムが受け取れます。子ども10人なら月額200万円で、年収2400万円です。これは貧しい国では途方もない大金なので、若い女性は日本人の男と結婚しようと殺到するでしょう。

そうなると、仕事などせずに海外の貧しい女性に「日本人」の子どもを産ませて楽に暮らそうと考える日本人の男が大量に出てくることは間違いありません。なんといっても、やるべきことはセックスだけなのですから。

貧しいひとびとの「経済合理的」な行動によって、裕福な国のベーシックインカムは確実に破綻するのです。

こうした事態を避けようと思えば、誰が「日本人」で誰がそうでないかを厳密に管理するほかありません。たとえば国家が「日本人遺伝子」を決めて、それを70%超保有している場合にしかベーシックインカムの支給対象にはしない、とか。これはまさに「優生学」

そのもので、人類史上もっともグロテスクな「人種差別国家」です。

ベーシックインカムをもてはやすひとたちは、世界に膨大な数の貧困層がいることにぜったいに触れません。それはこの現実を認めると、せっかく気分よく盛り上がっていた夢が壊されるからでしょう。

もっとも、ベーシックインカム以外に左派には「希望」がないので、これからも手を変え品を変えさまざまな「夢」のバリエーションが登場することになるでしょうが。

お金は分配できても性愛は分配できない

私がベーシックインカムに懐疑的な理由は、経済的に成り立たないからだけではありません。もしかしたら遠い将来、なんらかのとてつもないイノベーションによって、全世界のすべてのひとに「健康で文化的な生活」を保障するだけのお金を配ることができるようになるかもしれません。

左派リバタリアンはこれをもって「理想社会の完成」を宣言するでしょう。生活のために働く必要はもはやないのですから、すべてのひとがそれぞれの興味や関心に従って、芸術や文化、スポーツなどの活動に自由に従事すればいいのです。

しかし、もし仮にこのような世界が到来したとしても、やはり「幸福な社会」は実現できないでしょう。すでに気づいている方もいるでしょうが、ベーシックインカムでは「モテ／非モテ」問題は解決できないのです。

お金を分配するのと同じように、男に対して女を分配することはできません。

誰もが働く必要がなくなれば、思春期の若者から壮年、あるいは高齢者まで、人生の興味・関心は性愛（男はセックス、女は恋愛）に集中するようになるにちがいありません。リベラルな理想社会は誰もが自己実現できる自由な社会ですから、そこは究極の「自由恋愛」の世界になるでしょう。

もはや誰も結婚せず、家庭をつくろうとも思わない「自由恋愛世界」では、一夫一妻のしばりは意味を失います。そうなれば、少数の魅力的な男（チャド）が多数の魅力的な女（ステイシー）を独占するようになります。なぜなら、それが「人間の本性」だから。

これはまさに、「インセル（非モテ）」が恐れるディストピアそのものです。

「経済格差」がなくなれば、その根底にある「性愛の格差」がよりはっきりと姿を現わすことになるでしょう。それはおそらく、いまよりもっとグロテスクに「分断」された社会にちがいありません。

とはいえ、いまからこんな心配をする必要はありません。私たちが生きているあいだには、経済格差がなくなるどころか、縮小することさえあり得ないでしょうから。

「技術」と「魔術」が区別できない世界

これまで述べてきたように、現代社会で生起するあらゆる現象の根源にあるのは産業革命から始まった「知識社会化」です。知識社会における経済格差とは、「知能の格差」の別の名前でした。

だとすれば、知能のちがいが人生に影響しなくなれば「知識社会」は終わり、知能格差によって引き起こされる「上級／下級」の分断もなくなることになります。

狩猟採集社会では足の速いひとが圧倒的に有利だったかもしれませんが、現在はウサイン・ボルトくらいしか富と名声を手にできません。なぜなら車、電車、飛行機のようなテクノロジーによって足が速いか遅いかを誰も気にしなくなったからです。

図表21 知識社会の終わり？

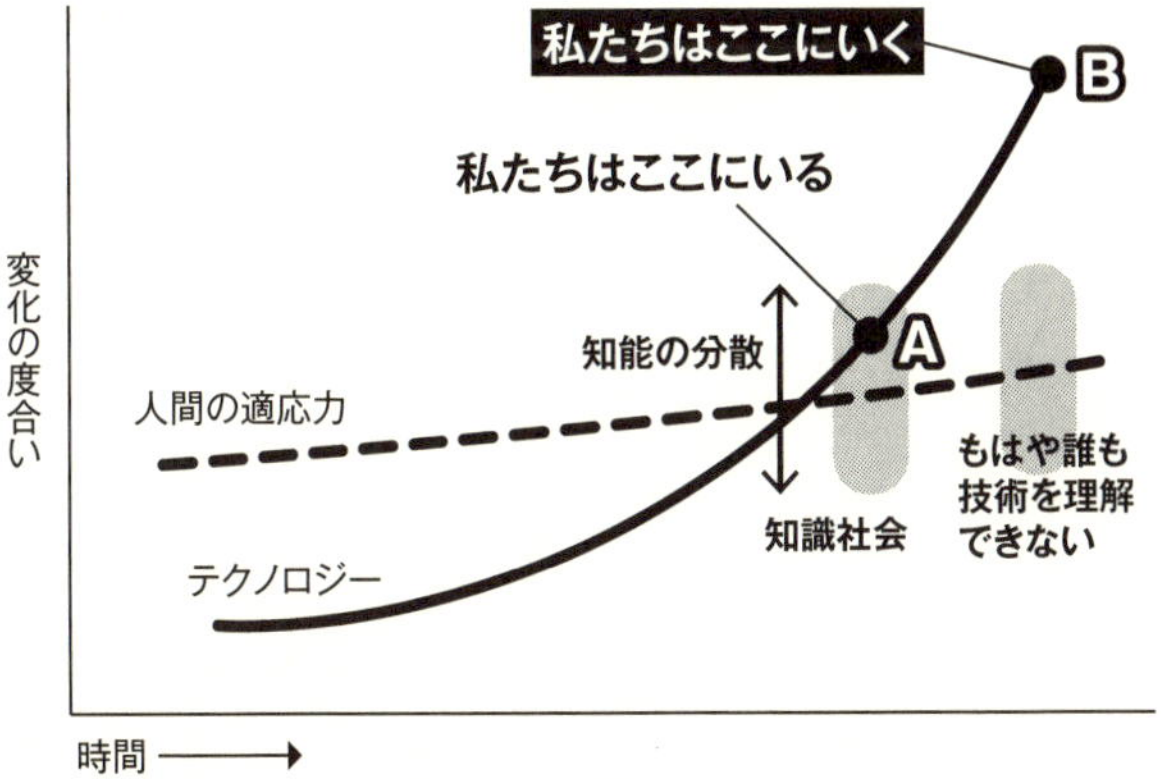

ここで「人間の適応力」とテクノロジーの関係を示した図を再掲しましょう（図表21）。

高度化した知識社会では、テクノロジーの性能が人間の平均的な適応力を越えてしまうため、高い知能を持つ一部のひとたちにしか理解できなくなってしまいます。これがAの地点で、ごく一部の「特権層」に富が集中することになります。

しかし、テクノロジーの指数関数的な性能向上でAIが人間の知能をはるかに上回るようになったとしたらどうでしょう。

Bの地点まで至れば、もはやどんな人間もテクノロジーを理解できなくなり、機械（AIロボット）は勝手に「進化」していきます。

そうなれば「技術」と「魔術」の区別はつかなくなり、**知能は意味を失って知識社会は終わることになります。**

子どもたちのあいだでは、勉強して有名大学を目指すよりユーチューバーの方がずっと人気があるそうです。これは「教育の危機」といわれますが、私たちの社会がBの地点に向けて「進化」しているのだとすれば、正しい選択をしていることになります。早晩、大多数のひとたちにとって「教育」はなんの意味もなくなるのですから。

人工知能が人間の知能を超えるシンギュラリティ（技術的特異点）は2045年とされています。もしかしたら私たちは令和の時代のあいだに、臨界状態から相転移に至る「知識社会」の終わりを目にすることになるのかもしれません。

あとがき

知識社会化・リベラル化・グローバル化の巨大な潮流のなかで、現代世界は、国や歴史・文化、宗教などのちがいにかかわらず、ますますよく似てきました。なぜなら、すべてのひとが同じ目標――よりゆたかに、より自分らしく、より自由に、より幸福に――を共有しているからです。

「後期近代」になって人類史にはじめて登場したこの価値観は、今後もますます強まって私たちの生活や人生を支配することになるでしょう。

その結果、欧米や日本などの先進国を中心に、社会の主流層（マジョリティ）が「上級」と「下級」に分断される現象が起こるようになりました。アメリカではグローバル化にともなって白人中流層が崩壊し、日本では1990年代後半からの「就職氷河期」によって若い男性の雇用が破壊され、中高年のひきこもり（8050問題）が深刻化するなど、国によって「分断」の現われ方は異なりますが、その行きつくところは同じです。

このような未来をどのように生き延びていけばいいのか。すべてのひとに向けた万能の処方箋はありませんが、今後のトレンドは大きく2つに分かれていくでしょう。

ひとつは、高度化する知識社会に最適化した人的資本を形成する戦略。エンジニアやデータサイエンティストなどの専門職はいまやアスリートと同じになり、10代で才能を見出され、シリコンバレーのIT企業などに高給で採用され、20代か遅くとも30代前半までに一生生きていけるだけの富を獲得するのが当然とされるようになりました。

こうした生き方をするには、大学でのんびり一般教養を学んでいる暇はありません。いまでは高度なプログラミング技術を教え、「ナノディグリー」という学位を発行するオンライン大学出身の人材がテック業界で争奪戦になっています。

もうひとつは、フェイスブックやツイッター、インスタグラムなどで多くのフォロワーを集め、その「評判資本」をマネタイズしていく戦略で、SNSのインフルエンサーやユーチューバーなどがその典型です。高度化する知識社会では、テクノロジーが提供するプラットフォームを利用して、会社組織に所属することなくフリーエージェントとして自由な働き方をすることが可能になりました。

もちろん、年収数千万円のエンジニアも、有名ブロガーやユーチューバーもごく一部でしょう。しかし、私たちが生きている「とてつもなくゆたかな社会」では、「最先端の技術を理解してわかりやすく説明する」「新商品やサービスなど新しい情報をSNSで発信する」といったスキルでも、それなりの（あるいはひとなみ以上の）収入を得られるようになるでしょう。「知識経済」と「評判経済」は一体となって進化し、地球を覆う巨大な経済圏を形成しつつあるのです。

そうはいっても、この潮流からこぼれ落ちてしまうひとたちが生まれることは避けられません。民主政治では、有権者の総意＝ポピュリズムでこの問題に対処する以外ありません。

それはユートピアなのか、ディストピアなのか、私たちはこれから「近代の行きつく果て」を目にすることになるのです。

本書は2019年4月13日（土）に東京大学・伊藤国際学術研究センター伊藤謝恩ホールで行なわれた日本生物地理学会の市民シンポジウムの講演「リベラル化する社会の分

断」をもとに加筆修正し、新書のかたちにまとめたものです。PART1「「下級国民」の誕生」の一部は、「令和の「言ってはいけない」不都合な真実」として、月刊『文藝春秋』2019年6月号に掲載しました。

シンポジウムを主催した日本生物地理学会会長の森中定治さん、司会をしていただいた副会長の三中信宏さん、講演に「論評」していただいた文筆家の吉川浩満さん、哲学者の神戸和佳子さん、生物地理学会会員の春日井治さん、および会場を満席にしていただいた400名を超える参加者のみなさまに感謝いたします。本書の執筆にあたっては、会場で集めた質問や、講演後の懇親会でのご意見なども参考にさせていただきました。

2019年7月　橘　玲

橘 玲［たちばな・あきら］

1959年生まれ。作家。国際金融小説『マネーロンダリング』『タックスヘイヴン』などのほか、『お金持ちになれる黄金の羽根の拾い方』『幸福の「資本」論』など金融・人生設計に関する著作も多数。『言ってはいけない　残酷すぎる真実』で2017新書大賞受賞。近著に『もっと言ってはいけない』『働き方2・0vs4・0』『人生は攻略できる』など。

校正／日塔秀治
図版・DTP／ためのり企画
編集／向山 学

上級国民／下級国民

二〇一九年　八月六日　初版第一刷発行

著者　橘 玲
発行人　鈴木崇司
発行所　株式会社小学館
〒一〇一－八〇〇一　東京都千代田区一ツ橋二ノ三ノ一
電話　編集：〇三－三二三〇－九三〇二
販売：〇三－五二八一－三五五五
印刷・製本　中央精版印刷株式会社

Printed in Japan ISBN978-4-09-825354-8